관세음보살 명호 사경

김현준 엮음

관세음보살의 명호를 쓰면서
관세음보살의 명호를 부르고
관세음보살을 생각하는 일심칭명의 기도를 하면
반드시 관세음보살의 가피를 입어
소원을 이루고 현재의 고난을 해탈하느니라

🌱 새벽숲

·관세음보살 명호 사경과 영험

'관세음보살' 명호 사경은 관세음보살님에 대한 믿음을 더욱 깊게 하고 집중을 잘 할 수 있게 만들어, 관세음보살님의 대자비 가피를 입음으로써 소원을 성취하고, 보다 높은 경지로 나아가게 하는 기도법 입니다.

대자대비하신 관세음보살님의 명호를 써보십시오. '관세음보살'을 손으로 쓰면서, 그 명호를 눈으로 보고 입으로 외우고 그 염불소리를 내 귀로 듣고 마음에 새기는 '관세음보살' 명호 사경은 크나큰 성취를 안겨줍니다.

이 명호사경집 1권으로는 '관세음보살'을 한 번에 108번씩 50번을 써서 5,400번을 쓸 수 있도록 엮었으며, 감히 20권 분량인 10만 8천번의 '관세음보살' 명호 쓰기를 권합니다. 10만 8천번을 쓰면 몸과 마음이 큰 변화를 이루게 되고 마음 속에 자리잡고 있는 원을 능히 성취할 수 있기 때문입니다.

부디 스스로의 처지와 원력에 맞게 '관세음보살'을 쓰면서 관세음보살님의 무한자비광명 속에 흠뻑 젖어 보십시오. 모든 업장이 녹아내리면서 심중의 소원이 틀림없이 이루어지게 됩니다.

그럼 '관세음보살' 명호를 쓰고 외우면 어떠한 가피가 생겨나는가?

『법화경』관세음보살보문품에서는

① 불·물·바람·각종 무기·귀신에 의한 재난, 감옥에 갇히는 재난, 원수나 도적에 의한 재난 등의 7난을 면하게 되고

② 탐욕과 분노와 어리석음의 삼독이 녹아내려 청량을 얻고 기쁨을 누리고 지혜를 이루게 되며

③ 훌륭한 자녀를 얻게 된다

고 하였습니다. 뿐만이 아닙니다. 관음신앙을 천명하는 여러 경전을 보면 다음과 같은 원을 성취하고자 할 때 관세음보살을 염하고 외우고 쓸 것을 권장하고 있습니다.

· 돈을 많이 벌고, 보물과 논밭 등을 많이 갖고자 할 때
· 각종 병환과 빈궁함, 천박함, 근심걱정 없이 살고자 할 때
· 입시 등 각종 시험의 합격과 보다 높은 자리로 승진되기를 바랄 때
· 소원을 성취하고 구하는 바를 뜻과 같이 이루고자 할 때
· 착한 친구를 만나고 화합을 바랄 때
· 공덕을 쌓고 지혜를 얻고자 할 때
· 사람들로부터 존경받기를 원할 때
· 많이 듣고 많이 배우기를 원할 때
· 훌륭한 언변을 얻고자 할 때
· 곡식과 과일의 풍년을 원할 때
· 일체의 장애가 소멸되기를 원할 때
· 두려움과 관재구설로부터 안락함을 얻고자 할 때
· 극락왕생 및 부처님 친견하기를 원할 때
· 미묘한 법을 성취하고 성불할 때까지 물러나지 않기를 바랄 때

　이상과 같이 관세음보살님께서는 우리의 어떠한 소원도 저버리지 않고 포용합니다. 어떠한 장애가 있는 중생이라 할지라도 관세음보살님과 함께하면 그들의 소원을 남김없이 성취시켜주십니다.

　곧 삼재의 소멸과 무병장수, 두려움과 불안으로부터 안락 얻기, 일체장애 소멸, 풍년과 뱃길·여행길의 안전 등은 기본이요, 오늘날의 사람들이 가장 원하는 부자되기, 성공하기, 나의 행복과 가정의 평화 이루기, 좋은 배우자와 친구 얻기, 공덕과 지혜의 성취까지도 기꺼이 도와주십니다.

　이 밖에도 '관세음보살' 명호 사경의 영험은 이루 다 말할 수 없습니다. 부디 뜻을 강하게 세우고 힘써 사경하기를 두 손 모아 청하옵니다.

· 관세음보살 명호사경의 순서

※ 이 '관세음보살' 명호 사경집은 관음정근을 할 때처럼 ① 관세음보살님의 권능에 귀의하는 글인 '나무보문시현 원력홍심 대자대비 구고구난'을 먼저 쓴 다음 ② 관세음보살 명호 108번을 쓰고 ③ 멸업장진언과 예경문을 쓰는 것으로 매듭을 짓고 있습니다.

1. 명호를 쓰기 전에

① 먼저 3배를 올리고,

"시방세계에 가득하신 부처님과 관세음보살님이시여, 감사합니다. 부처님과 관세음보살님을 잘 모시고 살겠습니다." (3번)

② 이렇게 기본적인 축원을 세 번 한 다음, 꼭 성취되기를 바라는 일상의 소원들을 함께 축원하십시오. 예를 들겠습니다,

"대자대비하신 관세음보살님이시여. 가피를 내려 저희 가족 모두 늘 건강하옵고 뜻과 같이 이루어지이다. 또한 지금 하는 일이 잘 되어 경제적으로 풍요로워지고 가족 모두 복된 삶을 이루게 하옵소서."(3번)

이 예와 같이 구체적인 소원들을 문장으로 만들어 7페이지의 '관세음보살 명호사경 발원문' 난에 써놓고, 사경하기 전과 사경을 마친 다음 축원을 하면 좋습니다. 이때의 축원은 어떠한 것이라도 좋습니다. 꼭 이루어졌으면 하는 소원들을 불보살님께 솔직하게 바치면 됩니다.

③ 마지막으로 '늘 부처님과 관세음보살님의 가르침을 잘 받들며 살겠습니다'를 세 번 염한 다음, 바로 명호사경을 시작하면 됩니다.

2. 관세음보살 명호를 쓸 때

관세음보살의 가피를 구하는 불자는 모든 가식을 비워버리고 진솔하게 명호를 사경해야 합니다. 근심 걱정과 괴로움에 처하였으면, 정말 솔직하고

순수한 마음으로 온갖 슬픔·힘듦·답답함·억울함·불안함·고달픔·소원 등을 관세음보살님께 다 말하고 다 바치면서 기도해야 합니다.

그리고 내 속에 관세음보살님의 모습과 자비를 또렷이 담는 방법인

① '관세음보살'의 명호를 쓰고 외우는 칭명법稱名法

② '관세음보살'의 명호를 듣는 문명법聞名法

③ '대성大聖 관세음보살'을 간절히 생각하는 염성법念聖法

이 셋이 하나가 되게 해야 합니다. 칭명법은 내가 '관세음보살'을 쓰고 부르는 것이요, 문명법은 내 입으로 부르는 '관세음보살'을 내 귀로 듣는 것이며, 염성법은 쓰고 부르고 들으면서 관세음보살님을 생각하는 것입니다.

이렇게 내 입으로 '관세음보살'을 쓰고 부르고, 내가 '관세음보살'을 부르는 소리를 내 귀로 듣고, '관세음보살'을 떠올리고 생각하고 대화를 나누는 명호사경기도를 하게 되면 틀림없이 관세음보살님의 가피를 입어 어떠한 고난이나 근심걱정·병고 등의 괴로움을 능히 해탈하고 소원을 성취할 수 있습니다.

이제부터 정성껏 쓰면서 '관세음보살'을 찾으십시오. 그리하여 나를 둘러싸고 있는 업의 껍질을 벗겨보십시오. 틀림없이 모든 것이 바뀌고, 주위에 행복이 충만하게 됩니다. 이제 몇 가지 참고사항을 열거하겠습니다.

① 명호사경을 할 때는 옅게 인쇄한 글씨만을 덧입혀 쓰고, 한자나 진하게 인쇄한 번역본 글은 쓰지 않습니다.

② 명호사경을 할 때 바탕글씨와 똑같은 글자체로 쓰려고 애를 쓰는 분이 있는데, 꼭 그렇게 쓸 필요는 없습니다. 바탕글씨를 크게 벗어나지 않는 범위 내에서 자기 필체로 쓰면 됩니다.

③ 그날 해야 할 명호사경을 마쳤으면 다시 스스로가 만든 '관세음보살 명호사경 발원문'을 읽고 3배를 드린 다음 끝을 맺습니다.

· 사경 기간 및 횟수

① 만약 간략한 소원이나 평소의 은근한 가피를 바라면서 '관세음보살' 명호사경을 하는 경우라면 하루에 108번씩 1~3번 하는 것으로 족하겠지만, 꼭 이루고 싶은 다소 큰 소원이 있다면 10만 8천번을 쓰는 것이 좋습니다.

② 인쇄한 글씨 위에 억지로 덧입히며 쓰지 않고 자기 필체로 쓰게 되면 108번 사경에 보통 12분~15분 정도 걸립니다. 만약 기도할 시간이 넉넉하지 않아 한 시간 정도에서 끝마치고자 한다면 하루에 108번씩 5번을 쓰십시오.

또 한 가지 제시하고 싶은 방법으로, 가족 한 사람당 108번씩 쓰면서 축원하는 것도 괜찮습니다. 이 경우 특별히 힘을 기울여 주어야 할 사람이 있다면 그를 위해 108번을 3회 정도 반복하여 쓰는 것도 바람직합니다. 각자의 원력과 형편에 맞추어 하루의 분량 및 기도 기간을 잡아 사경을 하십시오.

③ 매일 쓰다가 부득이한 일이 발생하여 못 쓰게 될 경우가 있습니다. 그때는 꼭 관세음보살님께 못 쓰게 된 사정을 고하여 마음속으로 '다음 날 또는 사경 기간을 하루 더 연장하여 반드시 쓰겠다'고 약속하면 됩니다.

※ 사경을 할 때는 연필·볼펜 또는 가는 수성펜 등으로 쓰는 것이 좋습니다.
※ 사경한 다음, 어떻게 처리해야 되느냐를 묻는 이들이 많은데, 정성껏 쓴 사경집을 집안에 두면 불은이 충만하고 삿된 기운이 침범하지 못하게 되므로, 집안에서 좋다고 생각하는 위치에 잘 모셔 두십시오. 경전을 태우는 것은 큰 불경이므로 절대 함부로 태우면 안 됩니다.

여법히 잘 사경하시기를 두 손 모아 축원드립니다. 나무관세음보살.

🙏 🙏 🙏 🙏 관세음보살 명호사경 발원문 🙏 🙏 🙏 🙏

시방세계에 가득하신 부처님과 관세음보살님이시여 감사합니다.

부처님과 관세음보살님 잘 모시고 살겠습니다.(3번)

늘 부처님과 관세음보살님의 가르침을 잘 받들며 살겠습니다.(3번)

🙏 🙏 🙏 🙏 🙏 🙏 🙏 🙏 🙏 🙏 🙏 🙏 🙏

관세음보살 명호 사경   제   권

입재 : 불기 25 년 월 일   회향 : 25 년 월 일

사경불자 :

南無 普門示顯 願力弘深
나무 보문시현 원력홍심
大慈大悲 救苦救難
대자대비 구고구난

시방세계 어디에나 몸을나투어
크고깊은 원력으로 함께하시고
일체중생 모든고난 구제하시는
대자대비 관세음께 귀의합니다

관세음보살 관세음보살 관세음보살 관세음보살
관세음보살 관세음보살 관세음보살 관세음보살
관세음보살 관세음보살 관세음보살 관세음보살
관세음보살 관세음보살 관세음보살 관세음보살
관세음보살 관세음보살 관세음보살 관세음보살
관세음보살 관세음보살 관세음보살 관세음보살
관세음보살 관세음보살 관세음보살 관세음보살
관세음보살 관세음보살 관세음보살 관세음보살
관세음보살 관세음보살 관세음보살 관세음보살
관세음보살 관세음보살 관세음보살 관세음보살
관세음보살 관세음보살 관세음보살 관세음보살
관세음보살 관세음보살 관세음보살 관세음보살
관세음보살 관세음보살 관세음보살 관세음보살
관세음보살 관세음보살 관세음보살 관세음보살

관세음보살 관세음보살 관세음보살 관세음보살
관세음보살 관세음보살 관세음보살 관세음보살
관세음보살 관세음보살 관세음보살 관세음보살
관세음보살 관세음보살 관세음보살 관세음보살
관세음보살 관세음보살 관세음보살 관세음보살
관세음보살 관세음보살 관세음보살 관세음보살
관세음보살 관세음보살 관세음보살 관세음보살
관세음보살 관세음보살 관세음보살 관세음보살
관세음보살 관세음보살 관세음보살 관세음보살
관세음보살 관세음보살 관세음보살 관세음보살
관세음보살 관세음보살 관세음보살 관세음보살
관세음보살 관세음보살 관세음보살 관세음보살
관세음보살 관세음보살 관세음보살 관세음보살

관세음보살 멸업장진언 옴 아로륵계 사바하
옴 아로륵계 사바하 옴 아로륵계 사바하

具足神通力　　廣修諸方便
구족신통력　　광수제방편
十方諸國土　　無刹不顯身
시방제국토　　무찰불현신
故我一心歸命頂禮
고아일심귀명정례

한량없는 신통력을 두루갖추고
여러가지 방편들을 닦아익혀서
시방세계 모든국토 어느곳에나
두루두루 몸나투는 관음보살께
일심으로 귀의하고 예경합니다

9

南無　普門示顯　願力弘深
나무　보문시현　원력홍심
　　　大慈大悲　救苦救難
　　　대자대비　구고구난

시방세계 어디에나 몸을나투어
크고깊은 원력으로 함께하시고
일체중생 모든고난 구제하시는
대자대비 관세음께 귀의합니다

관세음보살　관세음보살　관세음보살　관세음보살
관세음보살　관세음보살　관세음보살　관세음보살
관세음보살　관세음보살　관세음보살　관세음보살
관세음보살　관세음보살　관세음보살　관세음보살
관세음보살　관세음보살　관세음보살　관세음보살
관세음보살　관세음보살　관세음보살　관세음보살
관세음보살　관세음보살　관세음보살　관세음보살
관세음보살　관세음보살　관세음보살　관세음보살
관세음보살　관세음보살　관세음보살　관세음보살
관세음보살　관세음보살　관세음보살　관세음보살
관세음보살　관세음보살　관세음보살　관세음보살
관세음보살　관세음보살　관세음보살　관세음보살
관세음보살　관세음보살　관세음보살　관세음보살
관세음보살　관세음보살　관세음보살　관세음보살

관세음보살 관세음보살 관세음보살 관세음보살
관세음보살 관세음보살 관세음보살 관세음보살
관세음보살 관세음보살 관세음보살 관세음보살
관세음보살 관세음보살 관세음보살 관세음보살
관세음보살 관세음보살 관세음보살 관세음보살
관세음보살 관세음보살 관세음보살 관세음보살
관세음보살 관세음보살 관세음보살 관세음보살
관세음보살 관세음보살 관세음보살 관세음보살
관세음보살 관세음보살 관세음보살 관세음보살
관세음보살 관세음보살 관세음보살 관세음보살
관세음보살 관세음보살 관세음보살 관세음보살
관세음보살 관세음보살 관세음보살 관세음보살
관세음보살 관세음보살 관세음보살 관세음보살
관세음보살 멸업장진언 옴 아로륵계 사바하
옴 아로륵계 사바하 옴 아로륵계 사바하

具足神通力　　廣修諸方便
구족신통력　　광수제방편
十方諸國土　　無刹不顯身
시방제국토　　무찰불현신
故我一心歸命頂禮
고아일심귀명정례

한량없는 신통력을 두루갖추고
여러가지 방편들을 닦아익혀서
시방세계 모든국토 어느곳에나
두루두루 몸나투는 관음보살께
일심으로 귀의하고 예경합니다

11

南無 普門示顯 願力弘深
나무 보문시현 원력홍심
　　　大慈大悲 救苦救難
　　　대자대비 구고구난

시방세계 어디에나 몸을나투어
크고깊은 원력으로 함께하시고
일체중생 모든고난 구제하시는
대자대비 관세음께 귀의합니다

관세음보살　관세음보살　관세음보살　관세음보살
관세음보살　관세음보살　관세음보살　관세음보살
관세음보살　관세음보살　관세음보살　관세음보살
관세음보살　관세음보살　관세음보살　관세음보살
관세음보살　관세음보살　관세음보살　관세음보살
관세음보살　관세음보살　관세음보살　관세음보살
관세음보살　관세음보살　관세음보살　관세음보살
관세음보살　관세음보살　관세음보살　관세음보살
관세음보살　관세음보살　관세음보살　관세음보살
관세음보살　관세음보살　관세음보살　관세음보살
관세음보살　관세음보살　관세음보살　관세음보살
관세음보살　관세음보살　관세음보살　관세음보살
관세음보살　관세음보살　관세음보살　관세음보살

관세음보살 관세음보살 관세음보살 관세음보살
관세음보살 관세음보살 관세음보살 관세음보살
관세음보살 관세음보살 관세음보살 관세음보살
관세음보살 관세음보살 관세음보살 관세음보살
관세음보살 관세음보살 관세음보살 관세음보살
관세음보살 관세음보살 관세음보살 관세음보살
관세음보살 관세음보살 관세음보살 관세음보살
관세음보살 관세음보살 관세음보살 관세음보살
관세음보살 관세음보살 관세음보살 관세음보살
관세음보살 관세음보살 관세음보살 관세음보살
관세음보살 관세음보살 관세음보살 관세음보살
관세음보살 관세음보살 관세음보살 관세음보살
관세음보살 관세음보살 관세음보살 관세음보살

관세음보살 멸업장진언 옴 아로륵계 사바하
옴 아로륵계 사바하 옴 아로륵계 사바하

具足神通力　廣修諸方便
구족신통력　광수제방편
十方諸國土　無刹不顯身
시방제국토　무찰불현신
故我一心歸命頂禮
고아일심귀명정례

한량없는 신통력을 두루갖추고
여러가지 방편들을 닦아익혀서
시방세계 모든국토 어느곳에나
두루두루 몸나투는 관음보살께
일심으로 귀의하고 예경합니다

南無 普門示顯 願力弘深
나무 보문시현 원력홍심
　　　大慈大悲 救苦救難
　　대자대비 구고구난

시방세계 어디에나 몸을나투어
크고깊은 원력으로 함께하시고
일체중생 모든고난 구제하시는
대자대비 관세음께 귀의합니다

관세음보살 관세음보살 관세음보살 관세음보살
관세음보살 관세음보살 관세음보살 관세음보살
관세음보살 관세음보살 관세음보살 관세음보살
관세음보살 관세음보살 관세음보살 관세음보살
관세음보살 관세음보살 관세음보살 관세음보살
관세음보살 관세음보살 관세음보살 관세음보살
관세음보살 관세음보살 관세음보살 관세음보살
관세음보살 관세음보살 관세음보살 관세음보살
관세음보살 관세음보살 관세음보살 관세음보살
관세음보살 관세음보살 관세음보살 관세음보살
관세음보살 관세음보살 관세음보살 관세음보살
관세음보살 관세음보살 관세음보살 관세음보살
관세음보살 관세음보살 관세음보살 관세음보살
관세음보살 관세음보살 관세음보살 관세음보살

관세음보살 관세음보살 관세음보살 관세음보살
관세음보살 관세음보살 관세음보살 관세음보살
관세음보살 관세음보살 관세음보살 관세음보살
관세음보살 관세음보살 관세음보살 관세음보살
관세음보살 관세음보살 관세음보살 관세음보살
관세음보살 관세음보살 관세음보살 관세음보살
관세음보살 관세음보살 관세음보살 관세음보살
관세음보살 관세음보살 관세음보살 관세음보살
관세음보살 관세음보살 관세음보살 관세음보살
관세음보살 관세음보살 관세음보살 관세음보살
관세음보살 관세음보살 관세음보살 관세음보살
관세음보살 관세음보살 관세음보살 관세음보살
관세음보살 관세음보살 관세음보살 관세음보살
관세음보살 멸업장진언 옴 아로륵계 사바하
옴 아로륵계 사바하 옴 아로륵계 사바하

具足神通力　廣修諸方便
구족신통력　광수제방편
十方諸國土　無刹不顯身
시방제국토　무찰불현신
故我一心歸命頂禮
고아일심귀명정례

한량없는 신통력을 두루갖추고
여러가지 방편들을 닦아익혀서
시방세계 모든국토 어느곳에나
두루두루 몸나투는 관음보살께
일심으로 귀의하고 예경합니다

南無 普門示顯 願力弘深
나무 보문시현 원력홍심
　　 大慈大悲 救苦救難
대자대비 구고구난

시방세계 어디에나 몸을나투어
크고깊은 원력으로 함께하시고
일체중생 모든고난 구제하시는
대자대비 관세음께 귀의합니다

관세음보살 관세음보살 관세음보살 관세음보살
관세음보살 관세음보살 관세음보살 관세음보살
관세음보살 관세음보살 관세음보살 관세음보살
관세음보살 관세음보살 관세음보살 관세음보살
관세음보살 관세음보살 관세음보살 관세음보살
관세음보살 관세음보살 관세음보살 관세음보살
관세음보살 관세음보살 관세음보살 관세음보살
관세음보살 관세음보살 관세음보살 관세음보살
관세음보살 관세음보살 관세음보살 관세음보살
관세음보살 관세음보살 관세음보살 관세음보살
관세음보살 관세음보살 관세음보살 관세음보살
관세음보살 관세음보살 관세음보살 관세음보살
관세음보살 관세음보살 관세음보살 관세음보살
관세음보살 관세음보살 관세음보살 관세음보살

관세음보살 관세음보살 관세음보살 관세음보살
관세음보살 관세음보살 관세음보살 관세음보살
관세음보살 관세음보살 관세음보살 관세음보살
관세음보살 관세음보살 관세음보살 관세음보살
관세음보살 관세음보살 관세음보살 관세음보살
관세음보살 관세음보살 관세음보살 관세음보살
관세음보살 관세음보살 관세음보살 관세음보살
관세음보살 관세음보살 관세음보살 관세음보살
관세음보살 관세음보살 관세음보살 관세음보살
관세음보살 관세음보살 관세음보살 관세음보살
관세음보살 관세음보살 관세음보살 관세음보살
관세음보살 관세음보살 관세음보살 관세음보살
관세음보살 관세음보살 관세음보살 관세음보살
관세음보살 멸업장진언 옴 아로륵계 사바하
옴 아로륵계 사바하 옴 아로륵계 사바하

具足神通力　廣修諸方便
구족신통력　광수제방편
十方諸國土　無刹不現身
시방제국토　무찰불현신
故我一心歸命頂禮
고아일심귀명정례

한량없는 신통력을 두루갖추고
여러가지 방편들을 닦아익혀서
시방세계 모든국토 어느곳에나
두루두루 몸나투는 관음보살께
일심으로 귀의하고 예경합니다

南無　普門示顯　願力弘深
나무　보문시현　원력홍심
　　　大慈大悲　救苦救難
　　　대자대비　구고구난

시방세계 어디에나 몸을나투어
크고깊은 원력으로 함께하시고
일체중생 모든고난 구제하시는
대자대비 관세음께 귀의합니다

관세음보살　관세음보살　관세음보살　관세음보살

관세음보살　관세음보살　관세음보살　관세음보살

관세음보살　관세음보살　관세음보살　관세음보살

관세음보살　관세음보살　관세음보살　관세음보살

관세음보살　관세음보살　관세음보살　관세음보살

관세음보살　관세음보살　관세음보살　관세음보살

관세음보살　관세음보살　관세음보살　관세음보살

관세음보살　관세음보살　관세음보살　관세음보살

관세음보살　관세음보살　관세음보살　관세음보살

관세음보살　관세음보살　관세음보살　관세음보살

관세음보살　관세음보살　관세음보살　관세음보살

관세음보살　관세음보살　관세음보살　관세음보살

관세음보살　관세음보살　관세음보살　관세음보살

관세음보살　관세음보살　관세음보살　관세음보살

관세음보살 관세음보살 관세음보살 관세음보살
관세음보살 관세음보살 관세음보살 관세음보살
관세음보살 관세음보살 관세음보살 관세음보살
관세음보살 관세음보살 관세음보살 관세음보살
관세음보살 관세음보살 관세음보살 관세음보살
관세음보살 관세음보살 관세음보살 관세음보살
관세음보살 관세음보살 관세음보살 관세음보살
관세음보살 관세음보살 관세음보살 관세음보살
관세음보살 관세음보살 관세음보살 관세음보살
관세음보살 관세음보살 관세음보살 관세음보살
관세음보살 관세음보살 관세음보살 관세음보살
관세음보살 관세음보살 관세음보살 관세음보살
관세음보살 관세음보살 관세음보살 관세음보살
관세음보살 멸업장진언 옴 아로륵계 사바하
옴 아로륵계 사바하 옴 아로륵계 사바하

具足神通力　廣修諸方便
구족신통력　광수제방편
十方諸國土　無刹不顯身
시방제국토　무찰불현신
故我一心歸命頂禮
고아일심귀명정례

한량없는 신통력을 두루갖추고
여러가지 방편들을 닦아익혀서
시방세계 모든국토 어느곳에나
두루두루 몸나투는 관음보살께
일심으로 귀의하고 예경합니다

19

南無 普門示顯 願力弘深
나무 보문시현 원력홍심
大慈大悲 救苦救難
대자대비 구고구난

시방세계 어디에나 몸을나투어
크고깊은 원력으로 함께하시고
일체중생 모든고난 구제하시는
대자대비 관세음께 귀의합니다

관세음보살 관세음보살 관세음보살 관세음보살
관세음보살 관세음보살 관세음보살 관세음보살
관세음보살 관세음보살 관세음보살 관세음보살
관세음보살 관세음보살 관세음보살 관세음보살
관세음보살 관세음보살 관세음보살 관세음보살
관세음보살 관세음보살 관세음보살 관세음보살
관세음보살 관세음보살 관세음보살 관세음보살
관세음보살 관세음보살 관세음보살 관세음보살
관세음보살 관세음보살 관세음보살 관세음보살
관세음보살 관세음보살 관세음보살 관세음보살
관세음보살 관세음보살 관세음보살 관세음보살
관세음보살 관세음보살 관세음보살 관세음보살
관세음보살 관세음보살 관세음보살 관세음보살

관세음보살 관세음보살 관세음보살 관세음보살
관세음보살 관세음보살 관세음보살 관세음보살
관세음보살 관세음보살 관세음보살 관세음보살
관세음보살 관세음보살 관세음보살 관세음보살
관세음보살 관세음보살 관세음보살 관세음보살
관세음보살 관세음보살 관세음보살 관세음보살
관세음보살 관세음보살 관세음보살 관세음보살
관세음보살 관세음보살 관세음보살 관세음보살
관세음보살 관세음보살 관세음보살 관세음보살
관세음보살 관세음보살 관세음보살 관세음보살
관세음보살 관세음보살 관세음보살 관세음보살
관세음보살 관세음보살 관세음보살 관세음보살
관세음보살 관세음보살 관세음보살 관세음보살
관세음보살 멸업장진언 옴 아로륵계 사바하
　　　　옴 아로륵계 사바하 옴 아로륵계 사바하

具足神通力　　廣修諸方便
구족신통력　　광수제방편
十方諸國土　　無刹不顯身
시방제국토　　무찰불현신
故我一心歸命頂禮
고아일심귀명정례

한량없는 신통력을 두루갖추고
여러가지 방편들을 닦아익혀서
시방세계 모든국토 어느곳에나
두루두루 몸나투는 관음보살께
일심으로 귀의하고 예경합니다

· 명호사경 횟수 : 756

南無　普門示顯　願力弘深
나무　보문시현　원력홍심
　　　大慈大悲　救苦救難
　　　대자대비　구고구난

시방세계 어디에나 몸을나투어
크고깊은 원력으로 함께하시고
일체중생 모든고난 구제하시는
대자대비 관세음께 귀의합니다

관세음보살　관세음보살　관세음보살　관세음보살
관세음보살　관세음보살　관세음보살　관세음보살
관세음보살　관세음보살　관세음보살　관세음보살
관세음보살　관세음보살　관세음보살　관세음보살
관세음보살　관세음보살　관세음보살　관세음보살
관세음보살　관세음보살　관세음보살　관세음보살
관세음보살　관세음보살　관세음보살　관세음보살
관세음보살　관세음보살　관세음보살　관세음보살
관세음보살　관세음보살　관세음보살　관세음보살
관세음보살　관세음보살　관세음보살　관세음보살
관세음보살　관세음보살　관세음보살　관세음보살
관세음보살　관세음보살　관세음보살　관세음보살
관세음보살　관세음보살　관세음보살　관세음보살
관세음보살　관세음보살　관세음보살　관세음보살

관세음보살 관세음보살 관세음보살 관세음보살
관세음보살 관세음보살 관세음보살 관세음보살
관세음보살 관세음보살 관세음보살 관세음보살
관세음보살 관세음보살 관세음보살 관세음보살
관세음보살 관세음보살 관세음보살 관세음보살
관세음보살 관세음보살 관세음보살 관세음보살
관세음보살 관세음보살 관세음보살 관세음보살
관세음보살 관세음보살 관세음보살 관세음보살
관세음보살 관세음보살 관세음보살 관세음보살
관세음보살 관세음보살 관세음보살 관세음보살
관세음보살 관세음보살 관세음보살 관세음보살
관세음보살 관세음보살 관세음보살 관세음보살
관세음보살 관세음보살 관세음보살 관세음보살

관세음보살 멸업장진언 옴 아로륵계 사바하
옴 아로륵계 사바하 옴 아로륵계 사바하

具足神通力　　廣修諸方便
구족신통력　　광수제방편
十方諸國土　　無刹不顯身
시방제국토　　무찰불현신
故我一心歸命頂禮
고아일심귀명정례

한량없는 신통력을 두루갖추고
여러가지 방편들을 닦아익혀서
시방세계 모든국토 어느곳에나
두루두루 몸나투는 관음보살께
일심으로 귀의하고 예경합니다

南無　普門示顯　願力弘深 　시방세계 어디에나 몸을나투어
나무　보문시현　원력홍심 　크고깊은 원력으로 함께하시고
　　　大慈大悲　救苦救難 　일체중생 모든고난 구제하시는
　　　대자대비　구고구난 　대자대비 관세음께 귀의합니다

관세음보살　관세음보살　관세음보살　관세음보살

관세음보살　관세음보살　관세음보살　관세음보살

관세음보살　관세음보살　관세음보살　관세음보살

관세음보살　관세음보살　관세음보살　관세음보살

관세음보살　관세음보살　관세음보살　관세음보살

관세음보살　관세음보살　관세음보살　관세음보살

관세음보살　관세음보살　관세음보살　관세음보살

관세음보살　관세음보살　관세음보살　관세음보살

관세음보살　관세음보살　관세음보살　관세음보살

관세음보살　관세음보살　관세음보살　관세음보살

관세음보살　관세음보살　관세음보살　관세음보살

관세음보살　관세음보살　관세음보살　관세음보살

관세음보살　관세음보살　관세음보살　관세음보살

관세음보살　관세음보살　관세음보살　관세음보살

관세음보살 관세음보살 관세음보살 관세음보살
관세음보살 관세음보살 관세음보살 관세음보살
관세음보살 관세음보살 관세음보살 관세음보살
관세음보살 관세음보살 관세음보살 관세음보살
관세음보살 관세음보살 관세음보살 관세음보살
관세음보살 관세음보살 관세음보살 관세음보살
관세음보살 관세음보살 관세음보살 관세음보살
관세음보살 관세음보살 관세음보살 관세음보살
관세음보살 관세음보살 관세음보살 관세음보살
관세음보살 관세음보살 관세음보살 관세음보살
관세음보살 관세음보살 관세음보살 관세음보살
관세음보살 관세음보살 관세음보살 관세음보살
관세음보살 멸업장진언 옴 아로륵계 사바하
　　　 옴 아로륵계 사바하 옴 아로륵계 사바하

具足神通力	廣修諸方便	한량없는 신통력을 두루갖추고
구족신통력	광수제방편	여러가지 방편들을 닦아익혀서
十方諸國土	無刹不現身	시방세계 모든국토 어느곳에나
시방제국토	무찰불현신	두루두루 몸나투는 관음보살께
故我一心歸命頂禮		일심으로 귀의하고 예경합니다
고아일심귀명정례		

· 명호사경 횟수 : 972

南無 普門示顯 願力弘深
나무 보문시현 원력홍심
大慈大悲 救苦救難
대자대비 구고구난

시방세계 어디에나 몸을나투어
크고깊은 원력으로 함께하시고
일체중생 모든고난 구제하시는
대자대비 관세음께 귀의합니다

관세음보살 관세음보살 관세음보살 관세음보살
관세음보살 관세음보살 관세음보살 관세음보살
관세음보살 관세음보살 관세음보살 관세음보살
관세음보살 관세음보살 관세음보살 관세음보살
관세음보살 관세음보살 관세음보살 관세음보살
관세음보살 관세음보살 관세음보살 관세음보살
관세음보살 관세음보살 관세음보살 관세음보살
관세음보살 관세음보살 관세음보살 관세음보살
관세음보살 관세음보살 관세음보살 관세음보살
관세음보살 관세음보살 관세음보살 관세음보살
관세음보살 관세음보살 관세음보살 관세음보살
관세음보살 관세음보살 관세음보살 관세음보살
관세음보살 관세음보살 관세음보살 관세음보살
관세음보살 관세음보살 관세음보살 관세음보살

관세음보살 관세음보살 관세음보살 관세음보살
관세음보살 관세음보살 관세음보살 관세음보살
관세음보살 관세음보살 관세음보살 관세음보살
관세음보살 관세음보살 관세음보살 관세음보살
관세음보살 관세음보살 관세음보살 관세음보살
관세음보살 관세음보살 관세음보살 관세음보살
관세음보살 관세음보살 관세음보살 관세음보살
관세음보살 관세음보살 관세음보살 관세음보살
관세음보살 관세음보살 관세음보살 관세음보살
관세음보살 관세음보살 관세음보살 관세음보살
관세음보살 관세음보살 관세음보살 관세음보살
관세음보살 관세음보살 관세음보살 관세음보살
관세음보살 관세음보살 관세음보살 관세음보살

관세음보살 멸업장진언 옴 아로륵계 사바하
옴 아로륵계 사바하 옴 아로륵계 사바하

具足神通力　　廣修諸方便
구족신통력　　광수제방편
十方諸國土　　無刹不顯身
시방제국토　　무찰불현신
故我一心歸命頂禮
고아일심귀명정례

한량없는 신통력을 두루갖추고
여러가지 방편들을 닦아익혀서
시방세계 모든국토 어느곳에나
두루두루 몸나투는 관음보살께
일심으로 귀의하고 예경합니다

南無 普門示顯 願力弘深
나무 보문시현 원력홍심
　　大慈大悲 救苦救難
대자대비 구고구난

시방세계 어디에나 몸을나투어
크고깊은 원력으로 함께하시고
일체중생 모든고난 구제하시는
대자대비 관세음께 귀의합니다

관세음보살 관세음보살 관세음보살 관세음보살
관세음보살 관세음보살 관세음보살 관세음보살
관세음보살 관세음보살 관세음보살 관세음보살
관세음보살 관세음보살 관세음보살 관세음보살
관세음보살 관세음보살 관세음보살 관세음보살
관세음보살 관세음보살 관세음보살 관세음보살
관세음보살 관세음보살 관세음보살 관세음보살
관세음보살 관세음보살 관세음보살 관세음보살
관세음보살 관세음보살 관세음보살 관세음보살
관세음보살 관세음보살 관세음보살 관세음보살
관세음보살 관세음보살 관세음보살 관세음보살
관세음보살 관세음보살 관세음보살 관세음보살
관세음보살 관세음보살 관세음보살 관세음보살
관세음보살 관세음보살 관세음보살 관세음보살

관세음보살 관세음보살 관세음보살 관세음보살
관세음보살 관세음보살 관세음보살 관세음보살
관세음보살 관세음보살 관세음보살 관세음보살
관세음보살 관세음보살 관세음보살 관세음보살
관세음보살 관세음보살 관세음보살 관세음보살
관세음보살 관세음보살 관세음보살 관세음보살
관세음보살 관세음보살 관세음보살 관세음보살
관세음보살 관세음보살 관세음보살 관세음보살
관세음보살 관세음보살 관세음보살 관세음보살
관세음보살 관세음보살 관세음보살 관세음보살
관세음보살 관세음보살 관세음보살 관세음보살
관세음보살 관세음보살 관세음보살 관세음보살
관세음보살 멸업장진언 옴 아로륵계 사바하
옴 아로륵계 사바하 옴 아로륵계 사바하

具足神通力　廣修諸方便
구족신통력　광수제방편
十方諸國土　無刹不顯身
시방제국토　무찰불현신
故我一心歸命頂禮
고아일심귀명정례

한량없는 신통력을 두루갖추고
여러가지 방편들을 닦아익혀서
시방세계 모든국토 어느곳에나
두루두루 몸나투는 관음보살께
일심으로 귀의하고 예경합니다

· 명호사경 횟수 : 1188

南無　普門示顯　願力弘深
나무　보문시현　원력홍심
　　　大慈大悲　救苦救難
　　　대자대비　구고구난

시방세계 어디에나 몸을나투어
크고깊은 원력으로 함께하시고
일체중생 모든고난 구제하시는
대자대비 관세음께 귀의합니다

관세음보살　관세음보살　관세음보살　관세음보살
관세음보살　관세음보살　관세음보살　관세음보살
관세음보살　관세음보살　관세음보살　관세음보살
관세음보살　관세음보살　관세음보살　관세음보살
관세음보살　관세음보살　관세음보살　관세음보살
관세음보살　관세음보살　관세음보살　관세음보살
관세음보살　관세음보살　관세음보살　관세음보살
관세음보살　관세음보살　관세음보살　관세음보살
관세음보살　관세음보살　관세음보살　관세음보살
관세음보살　관세음보살　관세음보살　관세음보살
관세음보살　관세음보살　관세음보살　관세음보살
관세음보살　관세음보살　관세음보살　관세음보살
관세음보살　관세음보살　관세음보살　관세음보살
관세음보살　관세음보살　관세음보살　관세음보살

관세음보살 관세음보살 관세음보살 관세음보살
관세음보살 관세음보살 관세음보살 관세음보살
관세음보살 관세음보살 관세음보살 관세음보살
관세음보살 관세음보살 관세음보살 관세음보살
관세음보살 관세음보살 관세음보살 관세음보살
관세음보살 관세음보살 관세음보살 관세음보살
관세음보살 관세음보살 관세음보살 관세음보살
관세음보살 관세음보살 관세음보살 관세음보살
관세음보살 관세음보살 관세음보살 관세음보살
관세음보살 관세음보살 관세음보살 관세음보살
관세음보살 관세음보살 관세음보살 관세음보살
관세음보살 관세음보살 관세음보살 관세음보살
관세음보살 관세음보살 관세음보살 관세음보살

관세음보살 멸업장진언 옴 아로륵계 사바하
옴 아로륵계 사바하 옴 아로륵계 사바하

具 足 神 通 力	廣 修 諸 方 便	한량없는 신통력을 두루갖추고	
구족신통력	광수제방편	여러가지 방편들을 닦아익혀서	
十 方 諸 國 土	無 刹 不 顯 身	시방세계 모든국토 어느곳에나	
시방제국토	무찰불현신	두루두루 몸나투는 관음보살께	
故 我 一 心 歸 命 頂 禮		일심으로 귀의하고 예경합니다	
고아일심귀명정례			

南無 普門示顯 願力弘深
나무 보문시현 원력홍심
大慈大悲 救苦救難
대자대비 구고구난

시방세계 어디에나 몸을나투어
크고깊은 원력으로 함께하시고
일체중생 모든고난 구제하시는
대자대비 관세음께 귀의합니다

관세음보살 관세음보살 관세음보살 관세음보살
관세음보살 관세음보살 관세음보살 관세음보살
관세음보살 관세음보살 관세음보살 관세음보살
관세음보살 관세음보살 관세음보살 관세음보살
관세음보살 관세음보살 관세음보살 관세음보살
관세음보살 관세음보살 관세음보살 관세음보살
관세음보살 관세음보살 관세음보살 관세음보살
관세음보살 관세음보살 관세음보살 관세음보살
관세음보살 관세음보살 관세음보살 관세음보살
관세음보살 관세음보살 관세음보살 관세음보살
관세음보살 관세음보살 관세음보살 관세음보살
관세음보살 관세음보살 관세음보살 관세음보살
관세음보살 관세음보살 관세음보살 관세음보살
관세음보살 관세음보살 관세음보살 관세음보살

관세음보살 관세음보살 관세음보살 관세음보살
관세음보살 관세음보살 관세음보살 관세음보살
관세음보살 관세음보살 관세음보살 관세음보살
관세음보살 관세음보살 관세음보살 관세음보살
관세음보살 관세음보살 관세음보살 관세음보살
관세음보살 관세음보살 관세음보살 관세음보살
관세음보살 관세음보살 관세음보살 관세음보살
관세음보살 관세음보살 관세음보살 관세음보살
관세음보살 관세음보살 관세음보살 관세음보살
관세음보살 관세음보살 관세음보살 관세음보살
관세음보살 관세음보살 관세음보살 관세음보살
관세음보살 관세음보살 관세음보살 관세음보살
관세음보살 관세음보살 관세음보살 관세음보살
관세음보살 멸업장진언 옴 아로륵계 사바하
옴 아로륵계 사바하 옴 아로륵계 사바하

具足神通力	廣修諸方便	한량없는 신통력을 두루갖추고
구족신통력	광수제방편	여러가지 방편들을 닦아익혀서
十方諸國土	無刹不顯身	시방세계 모든국토 어느곳에나
시방제국토	무찰불현신	두루두루 몸나투는 관음보살께
故我一心歸命頂禮		일심으로 귀의하고 예경합니다
고아일심귀명정례		

· 명호사경 횟수 : 1404

南無 普門示顯 願力弘深
나무 보문시현 원력홍심
大慈大悲 救苦救難
대자대비 구고구난

시방세계 어디에나 몸을나투어
크고깊은 원력으로 함께하시고
일체중생 모든고난 구제하시는
대자대비 관세음께 귀의합니다

관세음보살 관세음보살 관세음보살 관세음보살
관세음보살 관세음보살 관세음보살 관세음보살
관세음보살 관세음보살 관세음보살 관세음보살
관세음보살 관세음보살 관세음보살 관세음보살
관세음보살 관세음보살 관세음보살 관세음보살
관세음보살 관세음보살 관세음보살 관세음보살
관세음보살 관세음보살 관세음보살 관세음보살
관세음보살 관세음보살 관세음보살 관세음보살
관세음보살 관세음보살 관세음보살 관세음보살
관세음보살 관세음보살 관세음보살 관세음보살
관세음보살 관세음보살 관세음보살 관세음보살
관세음보살 관세음보살 관세음보살 관세음보살
관세음보살 관세음보살 관세음보살 관세음보살
관세음보살 관세음보살 관세음보살 관세음보살

관세음보살 관세음보살 관세음보살 관세음보살
관세음보살 관세음보살 관세음보살 관세음보살
관세음보살 관세음보살 관세음보살 관세음보살
관세음보살 관세음보살 관세음보살 관세음보살
관세음보살 관세음보살 관세음보살 관세음보살
관세음보살 관세음보살 관세음보살 관세음보살
관세음보살 관세음보살 관세음보살 관세음보살
관세음보살 관세음보살 관세음보살 관세음보살
관세음보살 관세음보살 관세음보살 관세음보살
관세음보살 관세음보살 관세음보살 관세음보살
관세음보살 관세음보살 관세음보살 관세음보살
관세음보살 관세음보살 관세음보살 관세음보살
관세음보살 관세음보살 관세음보살 관세음보살

관세음보살 멸업장진언 옴 아로록계 사바하
옴 아로록계 사바하 옴 아로록계 사바하

具足神通力　廣修諸方便
구족신통력　광수제방편
十方諸國土　無刹不顯身
시방제국토　무찰불현신
故我一心歸命頂禮
고아일심귀명정례

한량없는 신통력을 두루갖추고
여러가지 방편들을 닦아익혀서
시방세계 모든국토 어느곳에나
두루두루 몸나투는 관음보살께
일심으로 귀의하고 예경합니다

35

南無　普門示顯　願力弘深
나무　보문시현　원력홍심
　大慈大悲　救苦救難
　대자대비　구고구난

시방세계 어디에나 몸을나투어
크고깊은 원력으로 함께하시고
일체중생 모든고난 구제하시는
대자대비 관세음께 귀의합니다

관세음보살　관세음보살　관세음보살　관세음보살

관세음보살　관세음보살　관세음보살　관세음보살

관세음보살　관세음보살　관세음보살　관세음보살

관세음보살　관세음보살　관세음보살　관세음보살

관세음보살　관세음보살　관세음보살　관세음보살

관세음보살　관세음보살　관세음보살　관세음보살

관세음보살　관세음보살　관세음보살　관세음보살

관세음보살　관세음보살　관세음보살　관세음보살

관세음보살　관세음보살　관세음보살　관세음보살

관세음보살　관세음보살　관세음보살　관세음보살

관세음보살　관세음보살　관세음보살　관세음보살

관세음보살　관세음보살　관세음보살　관세음보살

관세음보살　관세음보살　관세음보살　관세음보살

관세음보살　관세음보살　관세음보살　관세음보살

관세음보살 관세음보살 관세음보살 관세음보살
관세음보살 관세음보살 관세음보살 관세음보살
관세음보살 관세음보살 관세음보살 관세음보살
관세음보살 관세음보살 관세음보살 관세음보살
관세음보살 관세음보살 관세음보살 관세음보살
관세음보살 관세음보살 관세음보살 관세음보살
관세음보살 관세음보살 관세음보살 관세음보살
관세음보살 관세음보살 관세음보살 관세음보살
관세음보살 관세음보살 관세음보살 관세음보살
관세음보살 관세음보살 관세음보살 관세음보살
관세음보살 관세음보살 관세음보살 관세음보살
관세음보살 관세음보살 관세음보살 관세음보살
관세음보살 멸업장진언 옴 아로륵계 사바하
옴 아로륵계 사바하 옴 아로륵계 사바하

具足神通力　廣修諸方便
구족신통력　광수제방편
十方諸國土　無刹不顯身
시방제국토　무찰불현신
故我一心歸命頂禮
고아일심귀명정례

한량없는 신통력을 두루갖추고
여러가지 방편들을 닦아익혀서
시방세계 모든국토 어느곳에나
두루두루 몸나투는 관음보살께
일심으로 귀의하고 예경합니다

南無　普門示顯　願力弘深　　시방세계 어디에나 몸을나투어
나무　보문시현　원력홍심　　크고깊은 원력으로 함께하시고
　　　大慈大悲　救苦救難　　일체중생 모든고난 구제하시는
　　　대자대비　구고구난　　대자대비 관세음께 귀의합니다

관세음보살　관세음보살　관세음보살　관세음보살

관세음보살　관세음보살　관세음보살　관세음보살

관세음보살　관세음보살　관세음보살　관세음보살

관세음보살　관세음보살　관세음보살　관세음보살

관세음보살　관세음보살　관세음보살　관세음보살

관세음보살　관세음보살　관세음보살　관세음보살

관세음보살　관세음보살　관세음보살　관세음보살

관세음보살　관세음보살　관세음보살　관세음보살

관세음보살　관세음보살　관세음보살　관세음보살

관세음보살　관세음보살　관세음보살　관세음보살

관세음보살　관세음보살　관세음보살　관세음보살

관세음보살　관세음보살　관세음보살　관세음보살

관세음보살　관세음보살　관세음보살　관세음보살

관세음보살　관세음보살　관세음보살　관세음보살

관세음보살 관세음보살 관세음보살 관세음보살
관세음보살 관세음보살 관세음보살 관세음보살
관세음보살 관세음보살 관세음보살 관세음보살
관세음보살 관세음보살 관세음보살 관세음보살
관세음보살 관세음보살 관세음보살 관세음보살
관세음보살 관세음보살 관세음보살 관세음보살
관세음보살 관세음보살 관세음보살 관세음보살
관세음보살 관세음보살 관세음보살 관세음보살
관세음보살 관세음보살 관세음보살 관세음보살
관세음보살 관세음보살 관세음보살 관세음보살
관세음보살 관세음보살 관세음보살 관세음보살
관세음보살 관세음보살 관세음보살 관세음보살

관세음보살 멸업장진언 옴 아로륵계 사바하
옴 아로륵계 사바하 옴 아로륵계 사바하

其足神通力　廣修諸方便
구족신통력　광수제방편
十方諸國土　無刹不顯身
시방제국토　무찰불현신
故我一心歸命頂禮
고아일심귀명정례

한량없는 신통력을 두루갖추고
여러가지 방편들을 닦아익혀서
시방세계 모든국토 어느곳에나
두루두루 몸나투는 관음보살께
일심으로 귀의하고 예경합니다

39

南無 普門示顯 願力弘深
나무 보문시현 원력홍심
大慈大悲 救苦救難
대자대비 구고구난

시방세계 어디에나 몸을나투어
크고깊은 원력으로 함께하시고
일체중생 모든고난 구제하시는
대자대비 관세음께 귀의합니다

관세음보살 관세음보살 관세음보살 관세음보살
관세음보살 관세음보살 관세음보살 관세음보살
관세음보살 관세음보살 관세음보살 관세음보살
관세음보살 관세음보살 관세음보살 관세음보살
관세음보살 관세음보살 관세음보살 관세음보살
관세음보살 관세음보살 관세음보살 관세음보살
관세음보살 관세음보살 관세음보살 관세음보살
관세음보살 관세음보살 관세음보살 관세음보살
관세음보살 관세음보살 관세음보살 관세음보살
관세음보살 관세음보살 관세음보살 관세음보살
관세음보살 관세음보살 관세음보살 관세음보살
관세음보살 관세음보살 관세음보살 관세음보살
관세음보살 관세음보살 관세음보살 관세음보살
관세음보살 관세음보살 관세음보살 관세음보살

관세음보살 관세음보살 관세음보살 관세음보살
관세음보살 관세음보살 관세음보살 관세음보살
관세음보살 관세음보살 관세음보살 관세음보살
관세음보살 관세음보살 관세음보살 관세음보살
관세음보살 관세음보살 관세음보살 관세음보살
관세음보살 관세음보살 관세음보살 관세음보살
관세음보살 관세음보살 관세음보살 관세음보살
관세음보살 관세음보살 관세음보살 관세음보살
관세음보살 관세음보살 관세음보살 관세음보살
관세음보살 관세음보살 관세음보살 관세음보살
관세음보살 관세음보살 관세음보살 관세음보살
관세음보살 관세음보살 관세음보살 관세음보살
관세음보살 멸업장진언 옴 아로륵계 사바하
옴 아로륵계 사바하 옴 아로륵계 사바하

具足神通力　　廣修諸方便
구족신통력　　광수제방편

十方諸國土　　無刹不顯身
시방제국토　　무찰불현신

故我一心歸命頂禮
고아일심귀명정례

한량없는 신통력을 두루갖추고
여러가지 방편들을 닦아익혀서
시방세계 모든국토 어느곳에나
두루두루 몸나투는 관음보살께
일심으로 귀의하고 예경합니다

· 명호사경 횟수 : 1836

南無　普門示顯　願力弘深
나무　보문시현　원력홍심
　　　大慈大悲　救苦救難
　　　대자대비　구고구난

시방세계 어디에나 몸을나투어
크고깊은 원력으로 함께하시고
일체중생 모든고난 구제하시는
대자대비 관세음께 귀의합니다

관세음보살　관세음보살　관세음보살　관세음보살
관세음보살　관세음보살　관세음보살　관세음보살
관세음보살　관세음보살　관세음보살　관세음보살
관세음보살　관세음보살　관세음보살　관세음보살
관세음보살　관세음보살　관세음보살　관세음보살
관세음보살　관세음보살　관세음보살　관세음보살
관세음보살　관세음보살　관세음보살　관세음보살
관세음보살　관세음보살　관세음보살　관세음보살
관세음보살　관세음보살　관세음보살　관세음보살
관세음보살　관세음보살　관세음보살　관세음보살
관세음보살　관세음보살　관세음보살　관세음보살
관세음보살　관세음보살　관세음보살　관세음보살
관세음보살　관세음보살　관세음보살　관세음보살
관세음보살　관세음보살　관세음보살　관세음보살

관세음보살 관세음보살 관세음보살 관세음보살
관세음보살 관세음보살 관세음보살 관세음보살
관세음보살 관세음보살 관세음보살 관세음보살
관세음보살 관세음보살 관세음보살 관세음보살
관세음보살 관세음보살 관세음보살 관세음보살
관세음보살 관세음보살 관세음보살 관세음보살
관세음보살 관세음보살 관세음보살 관세음보살
관세음보살 관세음보살 관세음보살 관세음보살
관세음보살 관세음보살 관세음보살 관세음보살
관세음보살 관세음보살 관세음보살 관세음보살
관세음보살 관세음보살 관세음보살 관세음보살
관세음보살 관세음보살 관세음보살 관세음보살

관세음보살 멸업장진언 옴 아로륵계 사바하
옴 아로륵계 사바하 옴 아로륵계 사바하

具足神通力　　廣修諸方便
구족신통력　　광수제방편
十方諸國土　　無刹不顯身
시방제국토　　무찰불현신
故我一心歸命頂禮
고아일심귀명정례

한량없는 신통력을 두루갖추고
여러가지 방편들을 닦아익혀서
시방세계 모든국토 어느곳에나
두루두루 몸나투는 관음보살께
일심으로 귀의하고 예경합니다

43

南無　普門示顯　願力弘深
나무　보문시현　원력홍심
　　　大慈大悲　救苦救難
　　　대자대비　구고구난

시방세계 어디에나 몸을나투어
크고깊은 원력으로 함께하시고
일체중생 모든고난 구제하시는
대자대비 관세음께 귀의합니다

관세음보살　관세음보살　관세음보살　관세음보살
관세음보살　관세음보살　관세음보살　관세음보살
관세음보살　관세음보살　관세음보살　관세음보살
관세음보살　관세음보살　관세음보살　관세음보살
관세음보살　관세음보살　관세음보살　관세음보살
관세음보살　관세음보살　관세음보살　관세음보살
관세음보살　관세음보살　관세음보살　관세음보살
관세음보살　관세음보살　관세음보살　관세음보살
관세음보살　관세음보살　관세음보살　관세음보살
관세음보살　관세음보살　관세음보살　관세음보살
관세음보살　관세음보살　관세음보살　관세음보살
관세음보살　관세음보살　관세음보살　관세음보살
관세음보살　관세음보살　관세음보살　관세음보살
관세음보살　관세음보살　관세음보살　관세음보살

관세음보살 관세음보살 관세음보살 관세음보살
관세음보살 관세음보살 관세음보살 관세음보살
관세음보살 관세음보살 관세음보살 관세음보살
관세음보살 관세음보살 관세음보살 관세음보살
관세음보살 관세음보살 관세음보살 관세음보살
관세음보살 관세음보살 관세음보살 관세음보살
관세음보살 관세음보살 관세음보살 관세음보살
관세음보살 관세음보살 관세음보살 관세음보살
관세음보살 관세음보살 관세음보살 관세음보살
관세음보살 관세음보살 관세음보살 관세음보살
관세음보살 관세음보살 관세음보살 관세음보살
관세음보살 관세음보살 관세음보살 관세음보살
관세음보살 관세음보살 관세음보살 관세음보살
관세음보살 멸업장진언 옴 아로륵계 사바하
옴 아로륵계 사바하 옴 아로륵계 사바하

具足神通力　　廣修諸方便
구족신통력　　광수제방편
十方諸國土　　無刹不顯身
시방제국토　　무찰불현신
故我一心歸命頂禮
고아일심귀명정례

한량없는 신통력을 두루갖추고
여러가지 방편들을 닦아익혀서
시방세계 모든국토 어느곳에나
두루두루 몸나투는 관음보살께
일심으로 귀의하고 예경합니다

· 명호사경 횟수 : 2052

南無 普門示顯 願力弘深
나무 보문시현 원력홍심
　　大慈大悲 救苦救難
　　대자대비 구고구난

시방세계 어디에나 몸을나투어
크고깊은 원력으로 함께하시고
일체중생 모든고난 구제하시는
대자대비 관세음께 귀의합니다

관세음보살　관세음보살　관세음보살　관세음보살

관세음보살　관세음보살　관세음보살　관세음보살

관세음보살　관세음보살　관세음보살　관세음보살

관세음보살　관세음보살　관세음보살　관세음보살

관세음보살　관세음보살　관세음보살　관세음보살

관세음보살　관세음보살　관세음보살　관세음보살

관세음보살　관세음보살　관세음보살　관세음보살

관세음보살　관세음보살　관세음보살　관세음보살

관세음보살　관세음보살　관세음보살　관세음보살

관세음보살　관세음보살　관세음보살　관세음보살

관세음보살　관세음보살　관세음보살　관세음보살

관세음보살　관세음보살　관세음보살　관세음보살

관세음보살　관세음보살　관세음보살　관세음보살

관세음보살　관세음보살　관세음보살　관세음보살

관세음보살 관세음보살 관세음보살 관세음보살

관세음보살 관세음보살 관세음보살 관세음보살

관세음보살 관세음보살 관세음보살 관세음보살

관세음보살 관세음보살 관세음보살 관세음보살

관세음보살 관세음보살 관세음보살 관세음보살

관세음보살 관세음보살 관세음보살 관세음보살

관세음보살 관세음보살 관세음보살 관세음보살

관세음보살 관세음보살 관세음보살 관세음보살

관세음보살 관세음보살 관세음보살 관세음보살

관세음보살 관세음보살 관세음보살 관세음보살

관세음보살 관세음보살 관세음보살 관세음보살

관세음보살 관세음보살 관세음보살 관세음보살

관세음보살 멸업장진언 옴 아로륵계 사바하

옴 아로륵계 사바하 옴 아로륵계 사바하

具足神通力　廣修諸方便
구족신통력　광수제방편
十方諸國土　無刹不現身
시방제국토　무찰불현신
故我一心歸命頂禮
고아일심귀명정례

한량없는 신통력을 두루갖추고
여러가지 방편들을 닦아익혀서
시방세계 모든국토 어느곳에나
두루두루 몸나투는 관음보살께
일심으로 귀의하고 예경합니다

南無 普門示顯 願力弘深
나무 보문시현 원력홍심
大慈大悲 救苦救難
대자대비 구고구난

시방세계 어디에나 몸을나투어
크고깊은 원력으로 함께하시고
일체중생 모든고난 구제하시는
대자대비 관세음께 귀의합니다

관세음보살 관세음보살 관세음보살 관세음보살
관세음보살 관세음보살 관세음보살 관세음보살
관세음보살 관세음보살 관세음보살 관세음보살
관세음보살 관세음보살 관세음보살 관세음보살
관세음보살 관세음보살 관세음보살 관세음보살
관세음보살 관세음보살 관세음보살 관세음보살
관세음보살 관세음보살 관세음보살 관세음보살
관세음보살 관세음보살 관세음보살 관세음보살
관세음보살 관세음보살 관세음보살 관세음보살
관세음보살 관세음보살 관세음보살 관세음보살
관세음보살 관세음보살 관세음보살 관세음보살
관세음보살 관세음보살 관세음보살 관세음보살
관세음보살 관세음보살 관세음보살 관세음보살
관세음보살 관세음보살 관세음보살 관세음보살

관세음보살 관세음보살 관세음보살 관세음보살
관세음보살 관세음보살 관세음보살 관세음보살
관세음보살 관세음보살 관세음보살 관세음보살
관세음보살 관세음보살 관세음보살 관세음보살
관세음보살 관세음보살 관세음보살 관세음보살
관세음보살 관세음보살 관세음보살 관세음보살
관세음보살 관세음보살 관세음보살 관세음보살
관세음보살 관세음보살 관세음보살 관세음보살
관세음보살 관세음보살 관세음보살 관세음보살
관세음보살 관세음보살 관세음보살 관세음보살
관세음보살 관세음보살 관세음보살 관세음보살
관세음보살 관세음보살 관세음보살 관세음보살
관세음보살 관세음보살 관세음보살 관세음보살
관세음보살 멸업장진언 옴 아로륵계 사바하
　　　　옴 아로륵계 사바하 옴 아로륵계 사바하

具足神通力　廣修諸方便
구족신통력　광수제방편
十方諸國土　無刹不顯身
시방제국토　무찰불현신
故我一心歸命頂禮
고아일심귀명정례

한량없는 신통력을 두루갖추고
여러가지 방편들을 닦아익혀서
시방세계 모든국토 어느곳에나
두루두루 몸나투는 관음보살께
일심으로 귀의하고 예경합니다

49

南無 普門示顯 願力弘深
나무 보문시현 원력홍심
大慈大悲 救苦救難
대자대비 구고구난

시방세계 어디에나 몸을나투어
크고깊은 원력으로 함께하시고
일체중생 모든고난 구제하시는
대자대비 관세음께 귀의합니다

관세음보살 관세음보살 관세음보살 관세음보살
관세음보살 관세음보살 관세음보살 관세음보살
관세음보살 관세음보살 관세음보살 관세음보살
관세음보살 관세음보살 관세음보살 관세음보살
관세음보살 관세음보살 관세음보살 관세음보살
관세음보살 관세음보살 관세음보살 관세음보살
관세음보살 관세음보살 관세음보살 관세음보살
관세음보살 관세음보살 관세음보살 관세음보살
관세음보살 관세음보살 관세음보살 관세음보살
관세음보살 관세음보살 관세음보살 관세음보살
관세음보살 관세음보살 관세음보살 관세음보살
관세음보살 관세음보살 관세음보살 관세음보살
관세음보살 관세음보살 관세음보살 관세음보살
관세음보살 관세음보살 관세음보살 관세음보살

관세음보살 관세음보살 관세음보살 관세음보살
관세음보살 관세음보살 관세음보살 관세음보살
관세음보살 관세음보살 관세음보살 관세음보살
관세음보살 관세음보살 관세음보살 관세음보살
관세음보살 관세음보살 관세음보살 관세음보살
관세음보살 관세음보살 관세음보살 관세음보살
관세음보살 관세음보살 관세음보살 관세음보살
관세음보살 관세음보살 관세음보살 관세음보살
관세음보살 관세음보살 관세음보살 관세음보살
관세음보살 관세음보살 관세음보살 관세음보살
관세음보살 관세음보살 관세음보살 관세음보살
관세음보살 관세음보살 관세음보살 관세음보살
관세음보살 관세음보살 관세음보살 관세음보살
관세음보살 멸업장진언 옴 아로륵계 사바하
옴 아로륵계 사바하 옴 아로륵계 사바하

具 足 神 通 力	廣 修 諸 方 便	한량없는 신통력을 두루갖추고
구족신통력	광수제방편	여러가지 방편들을 닦아익혀서
十 方 諸 國 土	無 刹 不 顯 身	시방세계 모든국토 어느곳에나
시방제국토	무찰불현신	두루두루 몸나투는 관음보살께
故 我 一 心 歸 命 頂 禮		일심으로 귀의하고 예경합니다
고아일심귀명정례		

· 명호사경 횟수 : 2376

南無 普門示顯 願力弘深
나무 보문시현 원력홍심
大慈大悲 救苦救難
대자대비 구고구난

시방세계 어디에나 몸을나투어
크고깊은 원력으로 함께하시고
일체중생 모든고난 구제하시는
대자대비 관세음께 귀의합니다

관세음보살 관세음보살 관세음보살 관세음보살

관세음보살 관세음보살 관세음보살 관세음보살

관세음보살 관세음보살 관세음보살 관세음보살

관세음보살 관세음보살 관세음보살 관세음보살

관세음보살 관세음보살 관세음보살 관세음보살

관세음보살 관세음보살 관세음보살 관세음보살

관세음보살 관세음보살 관세음보살 관세음보살

관세음보살 관세음보살 관세음보살 관세음보살

관세음보살 관세음보살 관세음보살 관세음보살

관세음보살 관세음보살 관세음보살 관세음보살

관세음보살 관세음보살 관세음보살 관세음보살

관세음보살 관세음보살 관세음보살 관세음보살

관세음보살 관세음보살 관세음보살 관세음보살

관세음보살 관세음보살 관세음보살 관세음보살
관세음보살 관세음보살 관세음보살 관세음보살
관세음보살 관세음보살 관세음보살 관세음보살
관세음보살 관세음보살 관세음보살 관세음보살
관세음보살 관세음보살 관세음보살 관세음보살
관세음보살 관세음보살 관세음보살 관세음보살
관세음보살 관세음보살 관세음보살 관세음보살
관세음보살 관세음보살 관세음보살 관세음보살
관세음보살 관세음보살 관세음보살 관세음보살
관세음보살 관세음보살 관세음보살 관세음보살
관세음보살 관세음보살 관세음보살 관세음보살
관세음보살 관세음보살 관세음보살 관세음보살
관세음보살 멸업장진언 옴 아로륵계 사바하
옴 아로륵계 사바하 옴 아로륵계 사바하

具足神通力	廣修諸方便	한량없는 신통력을 두루갖추고
구족신통력	광수제방편	여러가지 방편들을 닦아익혀서
十方諸國土	無刹不顯身	시방세계 모든국토 어느곳에나
시방제국토	무찰불현신	두루두루 몸나투는 관음보살께
故我一心歸命頂禮		일심으로 귀의하고 예경합니다
고아일심귀명정례		

53

南無　普門示顯　願力弘深
나무　보문시현　원력홍심
　　　大慈大悲　救苦救難
　　　대자대비　구고구난

시방세계 어디에나 몸을나투어
크고깊은 원력으로 함께하시고
일체중생 모든고난 구제하시는
대자대비 관세음께 귀의합니다

관세음보살　관세음보살　관세음보살　관세음보살
관세음보살　관세음보살　관세음보살　관세음보살
관세음보살　관세음보살　관세음보살　관세음보살
관세음보살　관세음보살　관세음보살　관세음보살
관세음보살　관세음보살　관세음보살　관세음보살
관세음보살　관세음보살　관세음보살　관세음보살
관세음보살　관세음보살　관세음보살　관세음보살
관세음보살　관세음보살　관세음보살　관세음보살
관세음보살　관세음보살　관세음보살　관세음보살
관세음보살　관세음보살　관세음보살　관세음보살
관세음보살　관세음보살　관세음보살　관세음보살
관세음보살　관세음보살　관세음보살　관세음보살
관세음보살　관세음보살　관세음보살　관세음보살
관세음보살　관세음보살　관세음보살　관세음보살

관세음보살 관세음보살 관세음보살 관세음보살
관세음보살 관세음보살 관세음보살 관세음보살
관세음보살 관세음보살 관세음보살 관세음보살
관세음보살 관세음보살 관세음보살 관세음보살
관세음보살 관세음보살 관세음보살 관세음보살
관세음보살 관세음보살 관세음보살 관세음보살
관세음보살 관세음보살 관세음보살 관세음보살
관세음보살 관세음보살 관세음보살 관세음보살
관세음보살 관세음보살 관세음보살 관세음보살
관세음보살 관세음보살 관세음보살 관세음보살
관세음보살 관세음보살 관세음보살 관세음보살
관세음보살 관세음보살 관세음보살 관세음보살
관세음보살 관세음보살 관세음보살 관세음보살
관세음보살 멸업장진언 옴 아로륵계 사바하
옴 아로륵계 사바하 옴 아로륵계 사바하

具足神通力　廣修諸方便
구족신통력　광수제방편
十方諸國土　無刹不現身
시방제국토　무찰불현신
故我一心歸命頂禮
고아일심귀명정례

한량없는 신통력을 두루갖추고
여러가지 방편들을 닦아익혀서
시방세계 모든국토 어느곳에나
두루두루 몸나투는 관음보살께
일심으로 귀의하고 예경합니다

· 명호사경 횟수 : 2592

南無　普門示顯　願力弘深
나무　보문시현　원력홍심
　　　大慈大悲　救苦救難
　　　대자대비　구고구난

시방세계 어디에나 몸을나투어
크고깊은 원력으로 함께하시고
일체중생 모든고난 구제하시는
대자대비 관세음께 귀의합니다

관세음보살　관세음보살　관세음보살　관세음보살

관세음보살　관세음보살　관세음보살　관세음보살

관세음보살　관세음보살　관세음보살　관세음보살

관세음보살　관세음보살　관세음보살　관세음보살

관세음보살　관세음보살　관세음보살　관세음보살

관세음보살　관세음보살　관세음보살　관세음보살

관세음보살　관세음보살　관세음보살　관세음보살

관세음보살　관세음보살　관세음보살　관세음보살

관세음보살　관세음보살　관세음보살　관세음보살

관세음보살　관세음보살　관세음보살　관세음보살

관세음보살　관세음보살　관세음보살　관세음보살

관세음보살　관세음보살　관세음보살　관세음보살

관세음보살　관세음보살　관세음보살　관세음보살

관세음보살　관세음보살　관세음보살　관세음보살

관세음보살 관세음보살 관세음보살 관세음보살
관세음보살 관세음보살 관세음보살 관세음보살
관세음보살 관세음보살 관세음보살 관세음보살
관세음보살 관세음보살 관세음보살 관세음보살
관세음보살 관세음보살 관세음보살 관세음보살
관세음보살 관세음보살 관세음보살 관세음보살
관세음보살 관세음보살 관세음보살 관세음보살
관세음보살 관세음보살 관세음보살 관세음보살
관세음보살 관세음보살 관세음보살 관세음보살
관세음보살 관세음보살 관세음보살 관세음보살
관세음보살 관세음보살 관세음보살 관세음보살
관세음보살 관세음보살 관세음보살 관세음보살
관세음보살 관세음보살 관세음보살 관세음보살

관세음보살 멸업장진언 옴 아로륵계 사바하
옴 아로륵계 사바하 옴 아로륵계 사바하

具足神通力　　廣修諸方便
구족신통력　　광수제방편
十方諸國土　　無刹不顯身
시방제국토　　무찰불현신
故我一心歸命頂禮
고아일심귀명정례

한량없는 신통력을 두루갖추고
여러가지 방편들을 닦아익혀서
시방세계 모든국토 어느곳에나
두루두루 몸나투는 관음보살께
일심으로 귀의하고 예경합니다

· 명호사경 횟수 : 2700

南無　普門示顯　願力弘深
나무　보문시현　원력홍심
　　　大慈大悲　救苦救難
　　　대자대비　구고구난

시방세계 어디에나 몸을나투어
크고깊은 원력으로 함께하시고
일체중생 모든고난 구제하시는
대자대비 관세음께 귀의합니다

관세음보살　관세음보살　관세음보살　관세음보살
관세음보살　관세음보살　관세음보살　관세음보살
관세음보살　관세음보살　관세음보살　관세음보살
관세음보살　관세음보살　관세음보살　관세음보살
관세음보살　관세음보살　관세음보살　관세음보살
관세음보살　관세음보살　관세음보살　관세음보살
관세음보살　관세음보살　관세음보살　관세음보살
관세음보살　관세음보살　관세음보살　관세음보살
관세음보살　관세음보살　관세음보살　관세음보살
관세음보살　관세음보살　관세음보살　관세음보살
관세음보살　관세음보살　관세음보살　관세음보살
관세음보살　관세음보살　관세음보살　관세음보살
관세음보살　관세음보살　관세음보살　관세음보살
관세음보살　관세음보살　관세음보살　관세음보살

관세음보살 관세음보살 관세음보살 관세음보살
관세음보살 관세음보살 관세음보살 관세음보살
관세음보살 관세음보살 관세음보살 관세음보살
관세음보살 관세음보살 관세음보살 관세음보살
관세음보살 관세음보살 관세음보살 관세음보살
관세음보살 관세음보살 관세음보살 관세음보살
관세음보살 관세음보살 관세음보살 관세음보살
관세음보살 관세음보살 관세음보살 관세음보살
관세음보살 관세음보살 관세음보살 관세음보살
관세음보살 관세음보살 관세음보살 관세음보살
관세음보살 관세음보살 관세음보살 관세음보살
관세음보살 관세음보살 관세음보살 관세음보살
관세음보살 관세음보살 관세음보살 관세음보살

관세음보살 멸업장진언 옴 아로륵계 사바하
옴 아로륵계 사바하 옴 아로륵계 사바하

具足神通力　　廣修諸方便
구족신통력　　광수제방편
十方諸國土　　無刹不顯身
시방제국토　　무찰불현신
故我一心歸命頂禮
고아일심귀명정례

한량없는 신통력을 두루갖추고
여러가지 방편들을 닦아익혀서
시방세계 모든국토 어느곳에나
두루두루 몸나투는 관음보살께
일심으로 귀의하고 예경합니다

· 명호사경 횟수 : 2808

南無　普門示顯　願力弘深
나무　보문시현　원력홍심
大慈大悲　救苦救難
대자대비　구고구난

시방세계 어디에나 몸을나투어
크고깊은 원력으로 함께하시고
일체중생 모든고난 구제하시는
대자대비 관세음께 귀의합니다

관세음보살　관세음보살　관세음보살　관세음보살
관세음보살　관세음보살　관세음보살　관세음보살
관세음보살　관세음보살　관세음보살　관세음보살
관세음보살　관세음보살　관세음보살　관세음보살
관세음보살　관세음보살　관세음보살　관세음보살
관세음보살　관세음보살　관세음보살　관세음보살
관세음보살　관세음보살　관세음보살　관세음보살
관세음보살　관세음보살　관세음보살　관세음보살
관세음보살　관세음보살　관세음보살　관세음보살
관세음보살　관세음보살　관세음보살　관세음보살
관세음보살　관세음보살　관세음보살　관세음보살
관세음보살　관세음보살　관세음보살　관세음보살
관세음보살　관세음보살　관세음보살　관세음보살
관세음보살　관세음보살　관세음보살　관세음보살

관세음보살 관세음보살 관세음보살 관세음보살
관세음보살 관세음보살 관세음보살 관세음보살
관세음보살 관세음보살 관세음보살 관세음보살
관세음보살 관세음보살 관세음보살 관세음보살
관세음보살 관세음보살 관세음보살 관세음보살
관세음보살 관세음보살 관세음보살 관세음보살
관세음보살 관세음보살 관세음보살 관세음보살
관세음보살 관세음보살 관세음보살 관세음보살
관세음보살 관세음보살 관세음보살 관세음보살
관세음보살 관세음보살 관세음보살 관세음보살
관세음보살 관세음보살 관세음보살 관세음보살
관세음보살 관세음보살 관세음보살 관세음보살
관세음보살 멸업장진언 옴 아로륵계 사바하
옴 아로륵계 사바하 옴 아로륵계 사바하

具足神通力　廣修諸方便
구족신통력　광수제방편

十方諸國土　無刹不顯身
시방제국토　무찰불현신

故我一心歸命頂禮
고아일심귀명정례

한량없는 신통력을 두루갖추고
여러가지 방편들을 닦아익혀서
시방세계 모든국토 어느곳에나
두루두루 몸나투는 관음보살께
일심으로 귀의하고 예경합니다

南無 普門示顯 願力弘深
나무 보문시현 원력홍심
大慈大悲 救苦救難
대자대비 구고구난

시방세계 어디에나 몸을나투어
크고깊은 원력으로 함께하시고
일체중생 모든고난 구제하시는
대자대비 관세음께 귀의합니다

관세음보살 관세음보살 관세음보살 관세음보살
관세음보살 관세음보살 관세음보살 관세음보살
관세음보살 관세음보살 관세음보살 관세음보살
관세음보살 관세음보살 관세음보살 관세음보살
관세음보살 관세음보살 관세음보살 관세음보살
관세음보살 관세음보살 관세음보살 관세음보살
관세음보살 관세음보살 관세음보살 관세음보살
관세음보살 관세음보살 관세음보살 관세음보살
관세음보살 관세음보살 관세음보살 관세음보살
관세음보살 관세음보살 관세음보살 관세음보살
관세음보살 관세음보살 관세음보살 관세음보살
관세음보살 관세음보살 관세음보살 관세음보살
관세음보살 관세음보살 관세음보살 관세음보살
관세음보살 관세음보살 관세음보살 관세음보살

관세음보살 관세음보살 관세음보살 관세음보살
관세음보살 관세음보살 관세음보살 관세음보살
관세음보살 관세음보살 관세음보살 관세음보살
관세음보살 관세음보살 관세음보살 관세음보살
관세음보살 관세음보살 관세음보살 관세음보살
관세음보살 관세음보살 관세음보살 관세음보살
관세음보살 관세음보살 관세음보살 관세음보살
관세음보살 관세음보살 관세음보살 관세음보살
관세음보살 관세음보살 관세음보살 관세음보살
관세음보살 관세음보살 관세음보살 관세음보살
관세음보살 관세음보살 관세음보살 관세음보살
관세음보살 관세음보살 관세음보살 관세음보살
관세음보살 관세음보살 관세음보살 관세음보살
관세음보살 멸업장진언 옴 아로록계 사바하
옴 아로록계 사바하 옴 아로록계 사바하

具足神通力　廣修諸方便
구족신통력　광수제방편
十方諸國土　無刹不顯身
시방제국토　무찰불현신
故我一心歸命頂禮
고아일심귀명정례

한량없는 신통력을 두루갖추고
여러가지 방편들을 닦아익혀서
시방세계 모든국토 어느곳에나
두루두루 몸나투는 관음보살께
일심으로 귀의하고 예경합니다

63

南無 普門示顯 願力弘深
나무 보문시현 원력홍심
大慈大悲 救苦救難
대자대비 구고구난

시방세계 어디에나 몸을나투어
크고깊은 원력으로 함께하시고
일체중생 모든고난 구제하시는
대자대비 관세음께 귀의합니다

관세음보살 관세음보살 관세음보살 관세음보살
관세음보살 관세음보살 관세음보살 관세음보살
관세음보살 관세음보살 관세음보살 관세음보살
관세음보살 관세음보살 관세음보살 관세음보살
관세음보살 관세음보살 관세음보살 관세음보살
관세음보살 관세음보살 관세음보살 관세음보살
관세음보살 관세음보살 관세음보살 관세음보살
관세음보살 관세음보살 관세음보살 관세음보살
관세음보살 관세음보살 관세음보살 관세음보살
관세음보살 관세음보살 관세음보살 관세음보살
관세음보살 관세음보살 관세음보살 관세음보살
관세음보살 관세음보살 관세음보살 관세음보살
관세음보살 관세음보살 관세음보살 관세음보살
관세음보살 관세음보살 관세음보살 관세음보살

관세음보살 관세음보살 관세음보살 관세음보살
관세음보살 관세음보살 관세음보살 관세음보살
관세음보살 관세음보살 관세음보살 관세음보살
관세음보살 관세음보살 관세음보살 관세음보살
관세음보살 관세음보살 관세음보살 관세음보살
관세음보살 관세음보살 관세음보살 관세음보살
관세음보살 관세음보살 관세음보살 관세음보살
관세음보살 관세음보살 관세음보살 관세음보살
관세음보살 관세음보살 관세음보살 관세음보살
관세음보살 관세음보살 관세음보살 관세음보살
관세음보살 관세음보살 관세음보살 관세음보살
관세음보살 관세음보살 관세음보살 관세음보살
관세음보살 관세음보살 관세음보살 관세음보살

관세음보살 멸업장진언 옴 아로륵계 사바하
옴 아로륵계 사바하 옴 아로륵계 사바하

具足神通力　廣修諸方便
구족신통력　광수제방편
十方諸國土　無刹不顯身
시방제국토　무찰불현신
故我一心歸命頂禮
고아일심귀명정례

한량없는 신통력을 두루갖추고
여러가지 방편들을 닦아익혀서
시방세계 모든국토 어느곳에나
두루두루 몸나투는 관음보살께
일심으로 귀의하고 예경합니다

南無　普門示顯　願力弘深
나무　보문시현　원력홍심
　　　大慈大悲　救苦救難
　　　대자대비　구고구난

시방세계 어디에나 몸을나투어
크고깊은 원력으로 함께하시고
일체중생 모든고난 구제하시는
대자대비 관세음께 귀의합니다

관세음보살　관세음보살　관세음보살　관세음보살

관세음보살　관세음보살　관세음보살　관세음보살

관세음보살　관세음보살　관세음보살　관세음보살

관세음보살　관세음보살　관세음보살　관세음보살

관세음보살　관세음보살　관세음보살　관세음보살

관세음보살　관세음보살　관세음보살　관세음보살

관세음보살　관세음보살　관세음보살　관세음보살

관세음보살　관세음보살　관세음보살　관세음보살

관세음보살　관세음보살　관세음보살　관세음보살

관세음보살　관세음보살　관세음보살　관세음보살

관세음보살　관세음보살　관세음보살　관세음보살

관세음보살　관세음보살　관세음보살　관세음보살

관세음보살　관세음보살　관세음보살　관세음보살

관세음보살　관세음보살　관세음보살　관세음보살

관세음보살 관세음보살 관세음보살 관세음보살
관세음보살 관세음보살 관세음보살 관세음보살
관세음보살 관세음보살 관세음보살 관세음보살
관세음보살 관세음보살 관세음보살 관세음보살
관세음보살 관세음보살 관세음보살 관세음보살
관세음보살 관세음보살 관세음보살 관세음보살
관세음보살 관세음보살 관세음보살 관세음보살
관세음보살 관세음보살 관세음보살 관세음보살
관세음보살 관세음보살 관세음보살 관세음보살
관세음보살 관세음보살 관세음보살 관세음보살
관세음보살 관세음보살 관세음보살 관세음보살
관세음보살 관세음보살 관세음보살 관세음보살
관세음보살 멸업장진언 옴 아로륵계 사바하
옴 아로륵계 사바하 옴 아로륵계 사바하

具足神通力　廣修諸方便
구족신통력　광수제방편
十方諸國土　無刹不顯身
시방제국토　무찰불현신
故我一心歸命頂禮
고아일심귀명정례

한량없는 신통력을 두루갖추고
여러가지 방편들을 닦아익혀서
시방세계 모든국토 어느곳에나
두루두루 몸나투는 관음보살께
일심으로 귀의하고 예경합니다

南無 普門示顯 願力弘深
나무 보문시현 원력홍심
大慈大悲 救苦救難
대자대비 구고구난

시방세계 어디에나 몸을나투어
크고깊은 원력으로 함께하시고
일체중생 모든고난 구제하시는
대자대비 관세음께 귀의합니다

관세음보살 관세음보살 관세음보살 관세음보살
관세음보살 관세음보살 관세음보살 관세음보살
관세음보살 관세음보살 관세음보살 관세음보살
관세음보살 관세음보살 관세음보살 관세음보살
관세음보살 관세음보살 관세음보살 관세음보살
관세음보살 관세음보살 관세음보살 관세음보살
관세음보살 관세음보살 관세음보살 관세음보살
관세음보살 관세음보살 관세음보살 관세음보살
관세음보살 관세음보살 관세음보살 관세음보살
관세음보살 관세음보살 관세음보살 관세음보살
관세음보살 관세음보살 관세음보살 관세음보살
관세음보살 관세음보살 관세음보살 관세음보살
관세음보살 관세음보살 관세음보살 관세음보살
관세음보살 관세음보살 관세음보살 관세음보살

관세음보살 관세음보살 관세음보살 관세음보살
관세음보살 관세음보살 관세음보살 관세음보살
관세음보살 관세음보살 관세음보살 관세음보살
관세음보살 관세음보살 관세음보살 관세음보살
관세음보살 관세음보살 관세음보살 관세음보살
관세음보살 관세음보살 관세음보살 관세음보살
관세음보살 관세음보살 관세음보살 관세음보살
관세음보살 관세음보살 관세음보살 관세음보살
관세음보살 관세음보살 관세음보살 관세음보살
관세음보살 관세음보살 관세음보살 관세음보살
관세음보살 관세음보살 관세음보살 관세음보살
관세음보살 관세음보살 관세음보살 관세음보살
관세음보살 멸업장진언 옴 아로륵계 사바하
        옴 아로륵계 사바하 옴 아로륵계 사바하

具足神通力　廣修諸方便　한량없는 신통력을 두루갖추고
구족신통력　광수제방편　여러가지 방편들을 닦아익혀서
十方諸國土　無刹不顯身　시방세계 모든국토 어느곳에나
시방제국토　무찰불현신　두루두루 몸나투는 관음보살께
故我一心歸命頂禮　　　　일심으로 귀의하고 예경합니다
고아일심귀명정례

南無　普門示顯　願力弘深
나무　보문시현　원력홍심
　　　大慈大悲　救苦救難
　　　대자대비　구고구난

시방세계 어디에나 몸을나투어
크고깊은 원력으로 함께하시고
일체중생 모든고난 구제하시는
대자대비 관세음께 귀의합니다

관세음보살　관세음보살　관세음보살　관세음보살
관세음보살　관세음보살　관세음보살　관세음보살
관세음보살　관세음보살　관세음보살　관세음보살
관세음보살　관세음보살　관세음보살　관세음보살
관세음보살　관세음보살　관세음보살　관세음보살
관세음보살　관세음보살　관세음보살　관세음보살
관세음보살　관세음보살　관세음보살　관세음보살
관세음보살　관세음보살　관세음보살　관세음보살
관세음보살　관세음보살　관세음보살　관세음보살
관세음보살　관세음보살　관세음보살　관세음보살
관세음보살　관세음보살　관세음보살　관세음보살
관세음보살　관세음보살　관세음보살　관세음보살
관세음보살　관세음보살　관세음보살　관세음보살
관세음보살　관세음보살　관세음보살　관세음보살

관세음보살 관세음보살 관세음보살 관세음보살
관세음보살 관세음보살 관세음보살 관세음보살
관세음보살 관세음보살 관세음보살 관세음보살
관세음보살 관세음보살 관세음보살 관세음보살
관세음보살 관세음보살 관세음보살 관세음보살
관세음보살 관세음보살 관세음보살 관세음보살
관세음보살 관세음보살 관세음보살 관세음보살
관세음보살 관세음보살 관세음보살 관세음보살
관세음보살 관세음보살 관세음보살 관세음보살
관세음보살 관세음보살 관세음보살 관세음보살
관세음보살 관세음보살 관세음보살 관세음보살
관세음보살 관세음보살 관세음보살 관세음보살
관세음보살 멸업장진언 옴 아로록계 사바하
        옴 아로록계 사바하 옴 아로록계 사바하

具足神通力　廣修諸方便
구족신통력　광수제방편
十方諸國土　無刹不顯身
시방제국토　무찰불현신
故我一心歸命頂禮
고아일심귀명정례

한량없는 신통력을 두루갖추고
여러가지 방편들을 닦아익혀서
시방세계 모든국토 어느곳에나
두루두루 몸나투는 관음보살께
일심으로 귀의하고 예경합니다

· 명호사경 횟수 : 3456

南無 普門示顯 願力弘深
나무 보문시현 원력홍심
大慈大悲 救苦救難
대자대비 구고구난

시방세계 어디에나 몸을나투어
크고깊은 원력으로 함께하시고
일체중생 모든고난 구제하시는
대자대비 관세음께 귀의합니다

관세음보살 관세음보살 관세음보살 관세음보살
관세음보살 관세음보살 관세음보살 관세음보살
관세음보살 관세음보살 관세음보살 관세음보살
관세음보살 관세음보살 관세음보살 관세음보살
관세음보살 관세음보살 관세음보살 관세음보살
관세음보살 관세음보살 관세음보살 관세음보살
관세음보살 관세음보살 관세음보살 관세음보살
관세음보살 관세음보살 관세음보살 관세음보살
관세음보살 관세음보살 관세음보살 관세음보살
관세음보살 관세음보살 관세음보살 관세음보살
관세음보살 관세음보살 관세음보살 관세음보살
관세음보살 관세음보살 관세음보살 관세음보살
관세음보살 관세음보살 관세음보살 관세음보살
관세음보살 관세음보살 관세음보살 관세음보살

관세음보살 관세음보살 관세음보살 관세음보살
관세음보살 관세음보살 관세음보살 관세음보살
관세음보살 관세음보살 관세음보살 관세음보살
관세음보살 관세음보살 관세음보살 관세음보살
관세음보살 관세음보살 관세음보살 관세음보살
관세음보살 관세음보살 관세음보살 관세음보살
관세음보살 관세음보살 관세음보살 관세음보살
관세음보살 관세음보살 관세음보살 관세음보살
관세음보살 관세음보살 관세음보살 관세음보살
관세음보살 관세음보살 관세음보살 관세음보살
관세음보살 관세음보살 관세음보살 관세음보살
관세음보살 관세음보살 관세음보살 관세음보살
관세음보살 관세음보살 관세음보살 관세음보살

관세음보살 멸업장진언 옴 아로륵계 사바하
옴 아로륵계 사바하 옴 아로륵계 사바하

具足神通力　　廣修諸方便
구족신통력　　광수제방편
十方諸國土　　無刹不顯身
시방제국토　　무찰불현신
故我一心歸命頂禮
고아일심귀명정례

한량없는 신통력을 두루갖추고
여러가지 방편들을 닦아익혀서
시방세계 모든국토 어느곳에나
두루두루 몸나투는 관음보살께
일심으로 귀의하고 예경합니다

73

南無　普門示顯　願力弘深
나무　보문시현　원력홍심
　　　　大慈大悲　救苦救難
　　　　대자대비　구고구난

시방세계 어디에나 몸을나투어
크고깊은 원력으로 함께하시고
일체중생 모든고난 구제하시는
대자대비 관세음께 귀의합니다

관세음보살 관세음보살 관세음보살 관세음보살
관세음보살 관세음보살 관세음보살 관세음보살
관세음보살 관세음보살 관세음보살 관세음보살
관세음보살 관세음보살 관세음보살 관세음보살
관세음보살 관세음보살 관세음보살 관세음보살
관세음보살 관세음보살 관세음보살 관세음보살
관세음보살 관세음보살 관세음보살 관세음보살
관세음보살 관세음보살 관세음보살 관세음보살
관세음보살 관세음보살 관세음보살 관세음보살
관세음보살 관세음보살 관세음보살 관세음보살
관세음보살 관세음보살 관세음보살 관세음보살
관세음보살 관세음보살 관세음보살 관세음보살
관세음보살 관세음보살 관세음보살 관세음보살
관세음보살 관세음보살 관세음보살 관세음보살

관세음보살 관세음보살 관세음보살 관세음보살
관세음보살 관세음보살 관세음보살 관세음보살
관세음보살 관세음보살 관세음보살 관세음보살
관세음보살 관세음보살 관세음보살 관세음보살
관세음보살 관세음보살 관세음보살 관세음보살
관세음보살 관세음보살 관세음보살 관세음보살
관세음보살 관세음보살 관세음보살 관세음보살
관세음보살 관세음보살 관세음보살 관세음보살
관세음보살 관세음보살 관세음보살 관세음보살
관세음보살 관세음보살 관세음보살 관세음보살
관세음보살 관세음보살 관세음보살 관세음보살
관세음보살 관세음보살 관세음보살 관세음보살
관세음보살 멸업장진언 옴 아로록계 사바하
　　　옴 아로록계 사바하 옴 아로록계 사바하

具足神通力　廣修諸方便
구족신통력　광수제방편
十方諸國土　無刹不顯身
시방제국토　무찰불현신
故我一心歸命頂禮
고아일심귀명정례

한량없는 신통력을 두루갖추고
여러가지 방편들을 닦아익혀서
시방세계 모든국토 어느곳에나
두루두루 몸나투는 관음보살께
일심으로 귀의하고 예경합니다

75

南無 普門示顯 願力弘深
나무 보문시현 원력홍심
大慈大悲 救苦救難
대자대비 구고구난

시방세계 어디에나 몸을나투어
크고깊은 원력으로 함께하시고
일체중생 모든고난 구제하시는
대자대비 관세음께 귀의합니다

관세음보살 관세음보살 관세음보살 관세음보살
관세음보살 관세음보살 관세음보살 관세음보살
관세음보살 관세음보살 관세음보살 관세음보살
관세음보살 관세음보살 관세음보살 관세음보살
관세음보살 관세음보살 관세음보살 관세음보살
관세음보살 관세음보살 관세음보살 관세음보살
관세음보살 관세음보살 관세음보살 관세음보살
관세음보살 관세음보살 관세음보살 관세음보살
관세음보살 관세음보살 관세음보살 관세음보살
관세음보살 관세음보살 관세음보살 관세음보살
관세음보살 관세음보살 관세음보살 관세음보살
관세음보살 관세음보살 관세음보살 관세음보살
관세음보살 관세음보살 관세음보살 관세음보살
관세음보살 관세음보살 관세음보살 관세음보살

관세음보살 관세음보살 관세음보살 관세음보살
관세음보살 관세음보살 관세음보살 관세음보살
관세음보살 관세음보살 관세음보살 관세음보살
관세음보살 관세음보살 관세음보살 관세음보살
관세음보살 관세음보살 관세음보살 관세음보살
관세음보살 관세음보살 관세음보살 관세음보살
관세음보살 관세음보살 관세음보살 관세음보살
관세음보살 관세음보살 관세음보살 관세음보살
관세음보살 관세음보살 관세음보살 관세음보살
관세음보살 관세음보살 관세음보살 관세음보살
관세음보살 관세음보살 관세음보살 관세음보살
관세음보살 관세음보살 관세음보살 관세음보살
관세음보살 관세음보살 관세음보살 관세음보살
관세음보살 멸업장진언 옴 아로륵계 사바하
옴 아로륵계 사바하 옴 아로륵계 사바하

具足神通力	廣修諸方便	한량없는 신통력을 두루갖추고
구족신통력	광수제방편	여러가지 방편들을 닦아익혀서
十方諸國土	無刹不顯身	시방세계 모든국토 어느곳에나
시방제국토	무찰불현신	두루두루 몸나투는 관음보살께
故我一心歸命頂禮		일심으로 귀의하고 예경합니다
고아일심귀명정례		

· 명호사경 횟수 : 3780

南無 普門示顯 願力弘深
나무 보문시현 원력홍심
大慈大悲 救苦救難
대자대비 구고구난

시방세계 어디에나 몸을나투어
크고깊은 원력으로 함께하시고
일체중생 모든고난 구제하시는
대자대비 관세음께 귀의합니다

관세음보살 관세음보살 관세음보살 관세음보살
관세음보살 관세음보살 관세음보살 관세음보살
관세음보살 관세음보살 관세음보살 관세음보살
관세음보살 관세음보살 관세음보살 관세음보살
관세음보살 관세음보살 관세음보살 관세음보살
관세음보살 관세음보살 관세음보살 관세음보살
관세음보살 관세음보살 관세음보살 관세음보살
관세음보살 관세음보살 관세음보살 관세음보살
관세음보살 관세음보살 관세음보살 관세음보살
관세음보살 관세음보살 관세음보살 관세음보살
관세음보살 관세음보살 관세음보살 관세음보살
관세음보살 관세음보살 관세음보살 관세음보살
관세음보살 관세음보살 관세음보살 관세음보살
관세음보살 관세음보살 관세음보살 관세음보살

관세음보살 관세음보살 관세음보살 관세음보살
관세음보살 관세음보살 관세음보살 관세음보살
관세음보살 관세음보살 관세음보살 관세음보살
관세음보살 관세음보살 관세음보살 관세음보살
관세음보살 관세음보살 관세음보살 관세음보살
관세음보살 관세음보살 관세음보살 관세음보살
관세음보살 관세음보살 관세음보살 관세음보살
관세음보살 관세음보살 관세음보살 관세음보살
관세음보살 관세음보살 관세음보살 관세음보살
관세음보살 관세음보살 관세음보살 관세음보살
관세음보살 관세음보살 관세음보살 관세음보살
관세음보살 관세음보살 관세음보살 관세음보살
관세음보살 관세음보살 관세음보살 관세음보살
관세음보살 멸업장진언 옴 아로륵계 사바하
　　　　　옴 아로륵계 사바하 옴 아로륵계 사바하

具足神通力　　廣修諸方便
구족신통력　　광수제방편
十方諸國土　　無刹不顯身
시방제국토　　무찰불현신
故我一心歸命頂禮
고아일심귀명정례

한량없는 신통력을 두루갖추고
여러가지 방편들을 닦아익혀서
시방세계 모든국토 어느곳에나
두루두루 몸나투는 관음보살께
일심으로 귀의하고 예경합니다

· 명호사경 횟수 : 3888

南無　普門示顯　願力弘深
나무　보문시현　원력홍심
　　大慈大悲　救苦救難
　　대자대비　구고구난

시방세계 어디에나 몸을나투어
크고깊은 원력으로 함께하시고
일체중생 모든고난 구제하시는
대자대비 관세음께 귀의합니다

관세음보살　관세음보살　관세음보살　관세음보살

관세음보살　관세음보살　관세음보살　관세음보살

관세음보살　관세음보살　관세음보살　관세음보살

관세음보살　관세음보살　관세음보살　관세음보살

관세음보살　관세음보살　관세음보살　관세음보살

관세음보살　관세음보살　관세음보살　관세음보살

관세음보살　관세음보살　관세음보살　관세음보살

관세음보살　관세음보살　관세음보살　관세음보살

관세음보살　관세음보살　관세음보살　관세음보살

관세음보살　관세음보살　관세음보살　관세음보살

관세음보살　관세음보살　관세음보살　관세음보살

관세음보살　관세음보살　관세음보살　관세음보살

관세음보살　관세음보살　관세음보살　관세음보살

관세음보살　관세음보살　관세음보살　관세음보살

관세음보살 관세음보살 관세음보살 관세음보살
관세음보살 관세음보살 관세음보살 관세음보살
관세음보살 관세음보살 관세음보살 관세음보살
관세음보살 관세음보살 관세음보살 관세음보살
관세음보살 관세음보살 관세음보살 관세음보살
관세음보살 관세음보살 관세음보살 관세음보살
관세음보살 관세음보살 관세음보살 관세음보살
관세음보살 관세음보살 관세음보살 관세음보살
관세음보살 관세음보살 관세음보살 관세음보살
관세음보살 관세음보살 관세음보살 관세음보살
관세음보살 관세음보살 관세음보살 관세음보살
관세음보살 관세음보살 관세음보살 관세음보살
관세음보살 관세음보살 관세음보살 관세음보살

관세음보살 멸업장진언 옴 아로륵계 사바하
옴 아로륵계 사바하 옴 아로륵계 사바하

具 足 神 通 力　　廣 修 諸 方 便
구족신통력　　광수제방편
十 方 諸 國 土　　無 刹 不 顯 身
시방제국토　　무찰불현신
故 我 一 心 歸 命 頂 禮
고아일심귀명정례

한량없는 신통력을 두루갖추고
여러가지 방편들을 닦아익혀서
시방세계 모든국토 어느곳에나
두루두루 몸나투는 관음보살께
일심으로 귀의하고 예경합니다

南無　普門示顯　願力弘深
나무　보문시현　원력홍심
　　　大慈大悲　救苦救難
　　　대자대비　구고구난

시방세계 어디에나 몸을나투어
크고깊은 원력으로 함께하시고
일체중생 모든고난 구제하시는
대자대비 관세음께 귀의합니다

관세음보살　관세음보살　관세음보살　관세음보살
관세음보살　관세음보살　관세음보살　관세음보살
관세음보살　관세음보살　관세음보살　관세음보살
관세음보살　관세음보살　관세음보살　관세음보살
관세음보살　관세음보살　관세음보살　관세음보살
관세음보살　관세음보살　관세음보살　관세음보살
관세음보살　관세음보살　관세음보살　관세음보살
관세음보살　관세음보살　관세음보살　관세음보살
관세음보살　관세음보살　관세음보살　관세음보살
관세음보살　관세음보살　관세음보살　관세음보살
관세음보살　관세음보살　관세음보살　관세음보살
관세음보살　관세음보살　관세음보살　관세음보살
관세음보살　관세음보살　관세음보살　관세음보살
관세음보살　관세음보살　관세음보살　관세음보살

관세음보살 관세음보살 관세음보살 관세음보살
관세음보살 관세음보살 관세음보살 관세음보살
관세음보살 관세음보살 관세음보살 관세음보살
관세음보살 관세음보살 관세음보살 관세음보살
관세음보살 관세음보살 관세음보살 관세음보살
관세음보살 관세음보살 관세음보살 관세음보살
관세음보살 관세음보살 관세음보살 관세음보살
관세음보살 관세음보살 관세음보살 관세음보살
관세음보살 관세음보살 관세음보살 관세음보살
관세음보살 관세음보살 관세음보살 관세음보살
관세음보살 관세음보살 관세음보살 관세음보살
관세음보살 관세음보살 관세음보살 관세음보살
관세음보살 멸업장진언 옴 아로륵계 사바하
옴 아로륵계 사바하 옴 아로륵계 사바하

具足神通力　　廣修諸方便
구족신통력　　광수제방편
十方諸國土　　無刹不顯身
시방제국토　　무찰불현신
故我一心歸命頂禮
고아일심귀명정례

한량없는 신통력을 두루갖추고
여러가지 방편들을 닦아익혀서
시방세계 모든국토 어느곳에나
두루두루 몸나투는 관음보살께
일심으로 귀의하고 예경합니다

南無 普門示顯 願力弘深
나무 보문시현 원력홍심
大慈大悲 救苦救難
대자대비 구고구난

시방세계 어디에나 몸을나투어
크고깊은 원력으로 함께하시고
일체중생 모든고난 구제하시는
대자대비 관세음께 귀의합니다

관세음보살 관세음보살 관세음보살 관세음보살

관세음보살 관세음보살 관세음보살 관세음보살

관세음보살 관세음보살 관세음보살 관세음보살

관세음보살 관세음보살 관세음보살 관세음보살

관세음보살 관세음보살 관세음보살 관세음보살

관세음보살 관세음보살 관세음보살 관세음보살

관세음보살 관세음보살 관세음보살 관세음보살

관세음보살 관세음보살 관세음보살 관세음보살

관세음보살 관세음보살 관세음보살 관세음보살

관세음보살 관세음보살 관세음보살 관세음보살

관세음보살 관세음보살 관세음보살 관세음보살

관세음보살 관세음보살 관세음보살 관세음보살

관세음보살 관세음보살 관세음보살 관세음보살

관세음보살 관세음보살 관세음보살 관세음보살

관세음보살 관세음보살 관세음보살 관세음보살
관세음보살 관세음보살 관세음보살 관세음보살
관세음보살 관세음보살 관세음보살 관세음보살
관세음보살 관세음보살 관세음보살 관세음보살
관세음보살 관세음보살 관세음보살 관세음보살
관세음보살 관세음보살 관세음보살 관세음보살
관세음보살 관세음보살 관세음보살 관세음보살
관세음보살 관세음보살 관세음보살 관세음보살
관세음보살 관세음보살 관세음보살 관세음보살
관세음보살 관세음보살 관세음보살 관세음보살
관세음보살 관세음보살 관세음보살 관세음보살
관세음보살 관세음보살 관세음보살 관세음보살
관세음보살 관세음보살 관세음보살 관세음보살
관세음보살 멸업장진언 옴 아로록계 사바하
　　　　　옴 아로록계 사바하 옴 아로록계 사바하

具足神通力　廣修諸方便
구족신통력　광수제방편
十方諸國土　無刹不顯身
시방제국토　무찰불현신
故我一心歸命頂禮
고아일심귀명정례

한량없는 신통력을 두루갖추고
여러가지 방편들을 닦아익혀서
시방세계 모든국토 어느곳에나
두루두루 몸나투는 관음보살께
일심으로 귀의하고 예경합니다

· 명호사경 횟수 : 4212

南無　普門示顯　願力弘深
나무　보문시현　원력홍심
　　　大慈大悲　救苦救難
　　　대자대비　구고구난

시방세계 어디에나 몸을나투어
크고깊은 원력으로 함께하시고
일체중생 모든고난 구제하시는
대자대비 관세음께 귀의합니다

관세음보살　관세음보살　관세음보살　관세음보살
관세음보살　관세음보살　관세음보살　관세음보살
관세음보살　관세음보살　관세음보살　관세음보살
관세음보살　관세음보살　관세음보살　관세음보살
관세음보살　관세음보살　관세음보살　관세음보살
관세음보살　관세음보살　관세음보살　관세음보살
관세음보살　관세음보살　관세음보살　관세음보살
관세음보살　관세음보살　관세음보살　관세음보살
관세음보살　관세음보살　관세음보살　관세음보살
관세음보살　관세음보살　관세음보살　관세음보살
관세음보살　관세음보살　관세음보살　관세음보살
관세음보살　관세음보살　관세음보살　관세음보살
관세음보살　관세음보살　관세음보살　관세음보살
관세음보살　관세음보살　관세음보살　관세음보살

관세음보살 관세음보살 관세음보살 관세음보살
관세음보살 관세음보살 관세음보살 관세음보살
관세음보살 관세음보살 관세음보살 관세음보살
관세음보살 관세음보살 관세음보살 관세음보살
관세음보살 관세음보살 관세음보살 관세음보살
관세음보살 관세음보살 관세음보살 관세음보살
관세음보살 관세음보살 관세음보살 관세음보살
관세음보살 관세음보살 관세음보살 관세음보살
관세음보살 관세음보살 관세음보살 관세음보살
관세음보살 관세음보살 관세음보살 관세음보살
관세음보살 관세음보살 관세음보살 관세음보살
관세음보살 관세음보살 관세음보살 관세음보살
관세음보살 멸업장진언 옴 아로륵계 사바하
옴 아로륵계 사바하 옴 아로륵계 사바하

具足神通力　廣修諸方便
구족신통력　광수제방편
十方諸國土　無刹不顯身
시방제국토　무찰불현신
故我一心歸命頂禮
고아일심귀명정례

한량없는 신통력을 두루갖추고
여러가지 방편들을 닦아익혀서
시방세계 모든국토 어느곳에나
두루두루 몸나투는 관음보살께
일심으로 귀의하고 예경합니다

南無　普門示顯　願力弘深
나무　보문시현　원력홍심
　　　大慈大悲　救苦救難
　　　대자대비　구고구난

시방세계 어디에나 몸을나투어
크고깊은 원력으로 함께하시고
일체중생 모든고난 구제하시는
대자대비 관세음께 귀의합니다

관세음보살　관세음보살　관세음보살　관세음보살
관세음보살　관세음보살　관세음보살　관세음보살
관세음보살　관세음보살　관세음보살　관세음보살
관세음보살　관세음보살　관세음보살　관세음보살
관세음보살　관세음보살　관세음보살　관세음보살
관세음보살　관세음보살　관세음보살　관세음보살
관세음보살　관세음보살　관세음보살　관세음보살
관세음보살　관세음보살　관세음보살　관세음보살
관세음보살　관세음보살　관세음보살　관세음보살
관세음보살　관세음보살　관세음보살　관세음보살
관세음보살　관세음보살　관세음보살　관세음보살
관세음보살　관세음보살　관세음보살　관세음보살
관세음보살　관세음보살　관세음보살　관세음보살
관세음보살　관세음보살　관세음보살　관세음보살

관세음보살 관세음보살 관세음보살 관세음보살
관세음보살 관세음보살 관세음보살 관세음보살
관세음보살 관세음보살 관세음보살 관세음보살
관세음보살 관세음보살 관세음보살 관세음보살
관세음보살 관세음보살 관세음보살 관세음보살
관세음보살 관세음보살 관세음보살 관세음보살
관세음보살 관세음보살 관세음보살 관세음보살
관세음보살 관세음보살 관세음보살 관세음보살
관세음보살 관세음보살 관세음보살 관세음보살
관세음보살 관세음보살 관세음보살 관세음보살
관세음보살 관세음보살 관세음보살 관세음보살
관세음보살 관세음보살 관세음보살 관세음보살
관세음보살 멸업장진언 옴 아로륵계 사바하
옴 아로륵계 사바하 옴 아로륵계 사바하

具足神通力　廣修諸方便
구족신통력　광수제방편
十方諸國土　無刹不顯身
시방제국토　무찰불현신
故我一心歸命頂禮
고아일심귀명정례

한량없는 신통력을 두루갖추고
여러가지 방편들을 닦아익혀서
시방세계 모든국토 어느곳에나
두루두루 몸나투는 관음보살께
일심으로 귀의하고 예경합니다

· 명호사경 횟수 : 4428

南無　普門示顯　願力弘深
나무　보문시현　원력홍심

大慈大悲　救苦救難
대자대비　구고구난

시방세계 어디에나 몸을나투어
크고깊은 원력으로 함께하시고
일체중생 모든고난 구제하시는
대자대비 관세음께 귀의합니다

관세음보살　관세음보살　관세음보살　관세음보살
관세음보살　관세음보살　관세음보살　관세음보살
관세음보살　관세음보살　관세음보살　관세음보살
관세음보살　관세음보살　관세음보살　관세음보살
관세음보살　관세음보살　관세음보살　관세음보살
관세음보살　관세음보살　관세음보살　관세음보살
관세음보살　관세음보살　관세음보살　관세음보살
관세음보살　관세음보살　관세음보살　관세음보살
관세음보살　관세음보살　관세음보살　관세음보살
관세음보살　관세음보살　관세음보살　관세음보살
관세음보살　관세음보살　관세음보살　관세음보살
관세음보살　관세음보살　관세음보살　관세음보살
관세음보살　관세음보살　관세음보살　관세음보살
관세음보살　관세음보살　관세음보살　관세음보살

관세음보살 관세음보살 관세음보살 관세음보살
관세음보살 관세음보살 관세음보살 관세음보살
관세음보살 관세음보살 관세음보살 관세음보살
관세음보살 관세음보살 관세음보살 관세음보살
관세음보살 관세음보살 관세음보살 관세음보살
관세음보살 관세음보살 관세음보살 관세음보살
관세음보살 관세음보살 관세음보살 관세음보살
관세음보살 관세음보살 관세음보살 관세음보살
관세음보살 관세음보살 관세음보살 관세음보살
관세음보살 관세음보살 관세음보살 관세음보살
관세음보살 관세음보살 관세음보살 관세음보살
관세음보살 관세음보살 관세음보살 관세음보살
관세음보살 관세음보살 관세음보살 관세음보살
관세음보살 멸업장진언 옴 아로륵계 사바하
옴 아로륵계 사바하 옴 아로륵계 사바하

具足神通力　　廣修諸方便
구족신통력　　광수제방편
十方諸國土　　無刹不顯身
시방제국토　　무찰불현신
故我一心歸命頂禮
고아일심귀명정례

한량없는 신통력을 두루갖추고
여러가지 방편들을 닦아익혀서
시방세계 모든국토 어느곳에나
두루두루 몸나투는 관음보살께
일심으로 귀의하고 예경합니다

· 명호사경 횟수 : 4536

南 無　普 門 示 顯　願 力 弘 深　시방세계 어디에나 몸을나투어
나무 보문시현 원력홍심　크고깊은 원력으로 함께하시고
大 慈 大 悲　救 苦 救 難　일체중생 모든고난 구제하시는
대자대비 구고구난　대자대비 관세음께 귀의합니다

관세음보살　관세음보살　관세음보살　관세음보살
관세음보살　관세음보살　관세음보살　관세음보살
관세음보살　관세음보살　관세음보살　관세음보살
관세음보살　관세음보살　관세음보살　관세음보살
관세음보살　관세음보살　관세음보살　관세음보살
관세음보살　관세음보살　관세음보살　관세음보살
관세음보살　관세음보살　관세음보살　관세음보살
관세음보살　관세음보살　관세음보살　관세음보살
관세음보살　관세음보살　관세음보살　관세음보살
관세음보살　관세음보살　관세음보살　관세음보살
관세음보살　관세음보살　관세음보살　관세음보살
관세음보살　관세음보살　관세음보살　관세음보살
관세음보살　관세음보살　관세음보살　관세음보살
관세음보살　관세음보살　관세음보살　관세음보살
관세음보살　관세음보살　관세음보살　관세음보살

관세음보살 관세음보살 관세음보살 관세음보살
관세음보살 관세음보살 관세음보살 관세음보살
관세음보살 관세음보살 관세음보살 관세음보살
관세음보살 관세음보살 관세음보살 관세음보살
관세음보살 관세음보살 관세음보살 관세음보살
관세음보살 관세음보살 관세음보살 관세음보살
관세음보살 관세음보살 관세음보살 관세음보살
관세음보살 관세음보살 관세음보살 관세음보살
관세음보살 관세음보살 관세음보살 관세음보살
관세음보살 관세음보살 관세음보살 관세음보살
관세음보살 관세음보살 관세음보살 관세음보살
관세음보살 관세음보살 관세음보살 관세음보살
관세음보살 관세음보살 관세음보살 관세음보살

관세음보살 멸업장진언 옴 아로륵계 사바하
옴 아로륵계 사바하 옴 아로륵계 사바하

具 足 神 通 力	廣 修 諸 方 便	한량없는 신통력을 두루갖추고
구족신통력	광수제방편	여러가지 방편들을 닦아익혀서
十 方 諸 國 土	無 刹 不 顯 身	시방세계 모든국토 어느곳에나
시방제국토	무찰불현신	두루두루 몸나투는 관음보살께
故 我 一 心 歸 命 頂 禮		일심으로 귀의하고 예경합니다
고아일심귀명정례		

南無　普門示顯　願力弘深
나무　보문시현　원력홍심
　　　大慈大悲　救苦救難
　　　대자대비　구고구난

시방세계 어디에나 몸을나투어
크고깊은 원력으로 함께하시고
일체중생 모든고난 구제하시는
대자대비 관세음께 귀의합니다

관세음보살　관세음보살　관세음보살　관세음보살
관세음보살　관세음보살　관세음보살　관세음보살
관세음보살　관세음보살　관세음보살　관세음보살
관세음보살　관세음보살　관세음보살　관세음보살
관세음보살　관세음보살　관세음보살　관세음보살
관세음보살　관세음보살　관세음보살　관세음보살
관세음보살　관세음보살　관세음보살　관세음보살
관세음보살　관세음보살　관세음보살　관세음보살
관세음보살　관세음보살　관세음보살　관세음보살
관세음보살　관세음보살　관세음보살　관세음보살
관세음보살　관세음보살　관세음보살　관세음보살
관세음보살　관세음보살　관세음보살　관세음보살
관세음보살　관세음보살　관세음보살　관세음보살
관세음보살　관세음보살　관세음보살　관세음보살

관세음보살 관세음보살 관세음보살 관세음보살
관세음보살 관세음보살 관세음보살 관세음보살
관세음보살 관세음보살 관세음보살 관세음보살
관세음보살 관세음보살 관세음보살 관세음보살
관세음보살 관세음보살 관세음보살 관세음보살
관세음보살 관세음보살 관세음보살 관세음보살
관세음보살 관세음보살 관세음보살 관세음보살
관세음보살 관세음보살 관세음보살 관세음보살
관세음보살 관세음보살 관세음보살 관세음보살
관세음보살 관세음보살 관세음보살 관세음보살
관세음보살 관세음보살 관세음보살 관세음보살
관세음보살 관세음보살 관세음보살 관세음보살
관세음보살 멸업장진언 옴 아로륵계 사바하
옴 아로륵계 사바하 옴 아로륵계 사바하

具足神通力　廣修諸方便
구족신통력　광수제방편
十方諸國土　無刹不顯身
시방제국토　무찰불현신
故我一心歸命頂禮
고아일심귀명정례

한량없는 신통력을 두루갖추고
여러가지 방편들을 닦아익혀서
시방세계 모든국토 어느곳에나
두루두루 몸나투는 관음보살께
일심으로 귀의하고 예경합니다

95

南無　普門示顯　願力弘深
나무　보문시현　원력홍심
　　　大慈大悲　救苦救難
　　　대자대비　구고구난

시방세계 어디에나 몸을나투어
크고깊은 원력으로 함께하시고
일체중생 모든고난 구제하시는
대자대비 관세음께 귀의합니다

관세음보살　관세음보살　관세음보살　관세음보살

관세음보살　관세음보살　관세음보살　관세음보살

관세음보살　관세음보살　관세음보살　관세음보살

관세음보살　관세음보살　관세음보살　관세음보살

관세음보살　관세음보살　관세음보살　관세음보살

관세음보살　관세음보살　관세음보살　관세음보살

관세음보살　관세음보살　관세음보살　관세음보살

관세음보살　관세음보살　관세음보살　관세음보살

관세음보살　관세음보살　관세음보살　관세음보살

관세음보살　관세음보살　관세음보살　관세음보살

관세음보살　관세음보살　관세음보살　관세음보살

관세음보살　관세음보살　관세음보살　관세음보살

관세음보살　관세음보살　관세음보살　관세음보살

관세음보살　관세음보살　관세음보살　관세음보살

관세음보살 관세음보살 관세음보살 관세음보살
관세음보살 관세음보살 관세음보살 관세음보살
관세음보살 관세음보살 관세음보살 관세음보살
관세음보살 관세음보살 관세음보살 관세음보살
관세음보살 관세음보살 관세음보살 관세음보살
관세음보살 관세음보살 관세음보살 관세음보살
관세음보살 관세음보살 관세음보살 관세음보살
관세음보살 관세음보살 관세음보살 관세음보살
관세음보살 관세음보살 관세음보살 관세음보살
관세음보살 관세음보살 관세음보살 관세음보살
관세음보살 관세음보살 관세음보살 관세음보살
관세음보살 관세음보살 관세음보살 관세음보살
관세음보살 관세음보살 관세음보살 관세음보살
관세음보살 멸업장진언 옴 아로륵계 사바하
옴 아로륵계 사바하 옴 아로륵계 사바하

具足神通力　廣修諸方便
구족신통력　광수제방편
十方諸國土　無刹不顯身
시방제국토　무찰불현신
故我一心歸命頂禮
고아일심귀명정례

한량없는 신통력을 두루갖추고
여러가지 방편들을 닦아익혀서
시방세계 모든국토 어느곳에나
두루두루 몸나투는 관음보살께
일심으로 귀의하고 예경합니다

南無　普門示顯　願力弘深
나무 보문시현 원력홍심
　　大慈大悲　救苦救難
　　대자대비 구고구난

시방세계 어디에나 몸을나투어
크고깊은 원력으로 함께하시고
일체중생 모든고난 구제하시는
대자대비 관세음께 귀의합니다

관세음보살　관세음보살　관세음보살　관세음보살
관세음보살　관세음보살　관세음보살　관세음보살
관세음보살　관세음보살　관세음보살　관세음보살
관세음보살　관세음보살　관세음보살　관세음보살
관세음보살　관세음보살　관세음보살　관세음보살
관세음보살　관세음보살　관세음보살　관세음보살
관세음보살　관세음보살　관세음보살　관세음보살
관세음보살　관세음보살　관세음보살　관세음보살
관세음보살　관세음보살　관세음보살　관세음보살
관세음보살　관세음보살　관세음보살　관세음보살
관세음보살　관세음보살　관세음보살　관세음보살
관세음보살　관세음보살　관세음보살　관세음보살
관세음보살　관세음보살　관세음보살　관세음보살
관세음보살　관세음보살　관세음보살　관세음보살

관세음보살 관세음보살 관세음보살 관세음보살
관세음보살 관세음보살 관세음보살 관세음보살
관세음보살 관세음보살 관세음보살 관세음보살
관세음보살 관세음보살 관세음보살 관세음보살
관세음보살 관세음보살 관세음보살 관세음보살
관세음보살 관세음보살 관세음보살 관세음보살
관세음보살 관세음보살 관세음보살 관세음보살
관세음보살 관세음보살 관세음보살 관세음보살
관세음보살 관세음보살 관세음보살 관세음보살
관세음보살 관세음보살 관세음보살 관세음보살
관세음보살 관세음보살 관세음보살 관세음보살
관세음보살 관세음보살 관세음보살 관세음보살
관세음보살 멸업장진언 옴 아로륵계 사바하
옴 아로륵계 사바하 옴 아로륵계 사바하

具足神通力　廣修諸方便
구족신통력　광수제방편
十方諸國土　無刹不現身
시방제국토　무찰불현신
故我一心歸命頂禮
고아일심귀명정례

한량없는 신통력을 두루갖추고
여러가지 방편들을 닦아익혀서
시방세계 모든국토 어느곳에나
두루두루 몸나투는 관음보살께
일심으로 귀의하고 예경합니다

南無　普門示顯　願力弘深
나무　보문시현　원력홍심
　　　大慈大悲　救苦救難
　　　대자대비　구고구난

시방세계 어디에나 몸을나투어
크고깊은 원력으로 함께하시고
일체중생 모든고난 구제하시는
대자대비 관세음께 귀의합니다

관세음보살　관세음보살　관세음보살　관세음보살
관세음보살　관세음보살　관세음보살　관세음보살
관세음보살　관세음보살　관세음보살　관세음보살
관세음보살　관세음보살　관세음보살　관세음보살
관세음보살　관세음보살　관세음보살　관세음보살
관세음보살　관세음보살　관세음보살　관세음보살
관세음보살　관세음보살　관세음보살　관세음보살
관세음보살　관세음보살　관세음보살　관세음보살
관세음보살　관세음보살　관세음보살　관세음보살
관세음보살　관세음보살　관세음보살　관세음보살
관세음보살　관세음보살　관세음보살　관세음보살
관세음보살　관세음보살　관세음보살　관세음보살
관세음보살　관세음보살　관세음보살　관세음보살
관세음보살　관세음보살　관세음보살　관세음보살

관세음보살 관세음보살 관세음보살 관세음보살
관세음보살 관세음보살 관세음보살 관세음보살
관세음보살 관세음보살 관세음보살 관세음보살
관세음보살 관세음보살 관세음보살 관세음보살
관세음보살 관세음보살 관세음보살 관세음보살
관세음보살 관세음보살 관세음보살 관세음보살
관세음보살 관세음보살 관세음보살 관세음보살
관세음보살 관세음보살 관세음보살 관세음보살
관세음보살 관세음보살 관세음보살 관세음보살
관세음보살 관세음보살 관세음보살 관세음보살
관세음보살 관세음보살 관세음보살 관세음보살
관세음보살 관세음보살 관세음보살 관세음보살
관세음보살 멸업장진언 옴 아로륵계 사바하
옴 아로륵계 사바하 옴 아로륵계 사바하

具足神通力　廣修諸方便
구족신통력　광수제방편
十方諸國土　無刹不顯身
시방제국토　무찰불현신
故我一心歸命頂禮
고아일심귀명정례

한량없는 신통력을 두루갖추고
여러가지 방편들을 닦아익혀서
시방세계 모든국토 어느곳에나
두루두루 몸나투는 관음보살께
일심으로 귀의하고 예경합니다

南無　普門示顯　願力弘深
나무　보문시현　원력홍심
　　　大慈大悲　救苦救難
　　　대자대비　구고구난

시방세계 어디에나 몸을나투어
크고깊은 원력으로 함께하시고
일체중생 모든고난 구제하시는
대자대비 관세음께 귀의합니다

관세음보살　관세음보살　관세음보살　관세음보살
관세음보살　관세음보살　관세음보살　관세음보살
관세음보살　관세음보살　관세음보살　관세음보살
관세음보살　관세음보살　관세음보살　관세음보살
관세음보살　관세음보살　관세음보살　관세음보살
관세음보살　관세음보살　관세음보살　관세음보살
관세음보살　관세음보살　관세음보살　관세음보살
관세음보살　관세음보살　관세음보살　관세음보살
관세음보살　관세음보살　관세음보살　관세음보살
관세음보살　관세음보살　관세음보살　관세음보살
관세음보살　관세음보살　관세음보살　관세음보살
관세음보살　관세음보살　관세음보살　관세음보살
관세음보살　관세음보살　관세음보살　관세음보살
관세음보살　관세음보살　관세음보살　관세음보살

관세음보살 관세음보살 관세음보살 관세음보살
관세음보살 관세음보살 관세음보살 관세음보살
관세음보살 관세음보살 관세음보살 관세음보살
관세음보살 관세음보살 관세음보살 관세음보살
관세음보살 관세음보살 관세음보살 관세음보살
관세음보살 관세음보살 관세음보살 관세음보살
관세음보살 관세음보살 관세음보살 관세음보살
관세음보살 관세음보살 관세음보살 관세음보살
관세음보살 관세음보살 관세음보살 관세음보살
관세음보살 관세음보살 관세음보살 관세음보살
관세음보살 관세음보살 관세음보살 관세음보살
관세음보살 관세음보살 관세음보살 관세음보살
관세음보살 멸업장진언 옴 아로록계 사바하
옴 아로록계 사바하 옴 아로록계 사바하

其足神通力　廣修諸方便
구족신통력　광수제방편
十方諸國土　無刹不顯身
시방제국토　무찰불현신
故我一心歸命頂禮
고아일심귀명정례

한량없는 신통력을 두루갖추고
여러가지 방편들을 닦아익혀서
시방세계 모든국토 어느곳에나
두루두루 몸나투는 관음보살께
일심으로 귀의하고 예경합니다

103

南無　普門示顯　願力弘深
나무　보문시현　원력홍심

大慈大悲　救苦救難
대자대비　구고구난

시방세계 어디에나 몸을나투어
크고깊은 원력으로 함께하시고
일체중생 모든고난 구제하시는
대자대비 관세음께 귀의합니다

관세음보살　관세음보살　관세음보살　관세음보살
관세음보살　관세음보살　관세음보살　관세음보살
관세음보살　관세음보살　관세음보살　관세음보살
관세음보살　관세음보살　관세음보살　관세음보살
관세음보살　관세음보살　관세음보살　관세음보살
관세음보살　관세음보살　관세음보살　관세음보살
관세음보살　관세음보살　관세음보살　관세음보살
관세음보살　관세음보살　관세음보살　관세음보살
관세음보살　관세음보살　관세음보살　관세음보살
관세음보살　관세음보살　관세음보살　관세음보살
관세음보살　관세음보살　관세음보살　관세음보살
관세음보살　관세음보살　관세음보살　관세음보살
관세음보살　관세음보살　관세음보살　관세음보살
관세음보살　관세음보살　관세음보살　관세음보살

관세음보살 관세음보살 관세음보살 관세음보살
관세음보살 관세음보살 관세음보살 관세음보살
관세음보살 관세음보살 관세음보살 관세음보살
관세음보살 관세음보살 관세음보살 관세음보살
관세음보살 관세음보살 관세음보살 관세음보살
관세음보살 관세음보살 관세음보살 관세음보살
관세음보살 관세음보살 관세음보살 관세음보살
관세음보살 관세음보살 관세음보살 관세음보살
관세음보살 관세음보살 관세음보살 관세음보살
관세음보살 관세음보살 관세음보살 관세음보살
관세음보살 관세음보살 관세음보살 관세음보살
관세음보살 관세음보살 관세음보살 관세음보살
관세음보살 멸업장진언 옴 아로륵계 사바하
옴 아로륵계 사바하 옴 아로륵계 사바하

具足神通力　廣修諸方便
구족신통력　광수제방편
十方諸國土　無刹不顯身
시방제국토　무찰불현신
故我一心歸命頂禮
고아일심귀명정례

한량없는 신통력을 두루갖추고
여러가지 방편들을 닦아익혀서
시방세계 모든국토 어느곳에나
두루두루 몸나투는 관음보살께
일심으로 귀의하고 예경합니다

南無　普門示顯　願力弘深
나무　보문시현　원력홍심
　　　大慈大悲　救苦救難
　　　대자대비　구고구난

시방세계 어디에나 몸을나투어
크고깊은 원력으로 함께하시고
일체중생 모든고난 구제하시는
대자대비 관세음께 귀의합니다

관세음보살　관세음보살　관세음보살　관세음보살
관세음보살　관세음보살　관세음보살　관세음보살
관세음보살　관세음보살　관세음보살　관세음보살
관세음보살　관세음보살　관세음보살　관세음보살
관세음보살　관세음보살　관세음보살　관세음보살
관세음보살　관세음보살　관세음보살　관세음보살
관세음보살　관세음보살　관세음보살　관세음보살
관세음보살　관세음보살　관세음보살　관세음보살
관세음보살　관세음보살　관세음보살　관세음보살
관세음보살　관세음보살　관세음보살　관세음보살
관세음보살　관세음보살　관세음보살　관세음보살
관세음보살　관세음보살　관세음보살　관세음보살
관세음보살　관세음보살　관세음보살　관세음보살
관세음보살　관세음보살　관세음보살　관세음보살

관세음보살 관세음보살 관세음보살 관세음보살
관세음보살 관세음보살 관세음보살 관세음보살
관세음보살 관세음보살 관세음보살 관세음보살
관세음보살 관세음보살 관세음보살 관세음보살
관세음보살 관세음보살 관세음보살 관세음보살
관세음보살 관세음보살 관세음보살 관세음보살
관세음보살 관세음보살 관세음보살 관세음보살
관세음보살 관세음보살 관세음보살 관세음보살
관세음보살 관세음보살 관세음보살 관세음보살
관세음보살 관세음보살 관세음보살 관세음보살
관세음보살 관세음보살 관세음보살 관세음보살
관세음보살 관세음보살 관세음보살 관세음보살
관세음보살 멸업장진언 옴 아로륵계 사바하
옴 아로륵계 사바하 옴 아로륵계 사바하

具足神通力　廣修諸方便
구족신통력　광수제방편
十方諸國土　無刹不顯身
시방제국토　무찰불현신
故我一心歸命頂禮
고아일심귀명정례

한량없는 신통력을 두루갖추고
여러가지 방편들을 닦아익혀서
시방세계 모든국토 어느곳에나
두루두루 몸나투는 관음보살께
일심으로 귀의하고 예경합니다

영험 크고 성취 빠른 각종 사경집 (책 크기 4×6배판)

※ 정성껏 사경하면 큰 가피가 저절로 찾아들고, 업장참회는 물론이요 쉽게 소원을 성취할 수 있습니다. 각 책마다 사경의 방법을 자세하게 설명해 놓았습니다.

광명진언 사경 가로·세로쓰기
(1책으로 1080번 사경) 128쪽 5,000원
모든 불보살님의 총주總呪인 광명진언을 사경하면 그 가피력은 이루 다 말할 수 없을 정도입니다. 하루 108번씩 100일 동안 사경을 행하면 우리에게 크나큰 성취를 안겨주고 심중의 소원이 잘 이루어집니다.

반야심경 한글사경 (1책 50번 사경) 116쪽 5,000원
반야심경 한문사경 (1책 50번 사경) 116쪽 5,000원
반야심경을 사경하면 호법신장이 '나'를 지켜주고 공의 도리를 깨달아 평화롭고 안정된 삶이 함께합니다.

아미타경 한글사경 (1책 7번 사경) 116쪽 5,000원
살아 생전에 아미타경을 사경하거나, 부모님을 비롯한 가까운 분이 돌아가셨을 때 이 경을 쓰면 극락왕생이 참으로 가까워집니다.

관음경 한글사경 (1책 5번 사경) 112쪽 5,000원
관음경을 사경하면 가피가 한량이 없고 늘 행복이 함께 합니다. 학업성취·건강쾌유·자녀의 성공·경제 문제 등에도 영험이 매우 큽니다.

신묘장구대다라니 사경 (1책 50번 사경) 5,000원
대다라니를 사경하면 관세음보살님과 호법신장들이 '나'와 주위를 지켜주고 소원성취와 동시에, 행복하고 자비심 가득한 마음을 가질 수 있도록 해줍니다.

보현행원품 한글사경 (1책 3번 사경) 120쪽 5,000원
행원품을 사경하면 자리이타의 삶과 업장 참회, 신통·지혜·복덕·자비 등을 빨리 이룰 수 있고 세세생생 불법과 함께 하며 보살도를 성취할 수 있습니다.

부모은중경 사경 (1책 3번 사경) 112쪽 5,000원
부처님께서는 부모님의 은혜를 새기면서 이 경을 쓰게 되면 그 어떤 행보다 큰 공덕이 생겨난다고 하였습니다. 정성 들여 사경하면 뜻하는 바가 이루어집니다.

아미타불 명호사경 (1책으로 5,400번 사경) 160쪽 6,000원
'나무아미타불'과 '아미타불'을 오회염불법에 따라 외우고 쓰는 특별한 명호사경집입니다. 집중력을 더하여, 심중 소원 성취에 큰 도움을 줍니다.

금강경 한글사경 (1책 3번 사경) 144쪽 6,000원
금강경 한문사경 (1책 3번 사경) 144쪽 6,000원
금강경 한문한글사경 (1책 1번 사경) 100쪽 4,000원
요긴하고 으뜸된 경전인 금강경을 사경해 보십시오. 업장소멸과 함께 크나큰 깨달음과 좋은 일들이 저절로 다가옵니다.

법화경 한글사경 (전5책) 권당 5,000원 총 25,000원
법화경을 사경하면 부처님과 대우주법계의 한량없는 가피가 저절로 찾아들어 소원성취·영가천도는 물론이요 깨달음과 경제적인 풍요까지 안겨줍니다.

약사경 한글사경 (1책 3번 사경) 112쪽 4,000원
약사경을 사경하면 약사여래의 가피가 저절로 찾아들어, 병환의 쾌차, 집안 평안, 업장소멸을 비롯한 갖가지 소원을 쉽게 성취할 수 있습니다.

천수경 한글사경 (1책 7번 사경) 112쪽 5,000원
천수경을 사경하고 독송하면 천수관음의 가피가 저절로 찾아들어, 업장 및 고난의 소멸과 갖가지 소원을 쉽게 성취할 수 있습니다.

지장경 한글사경 (1책 1번 사경) 144쪽 6,000원
지장경을 사경하고 영가천도는 물론이요, 각종 장애가 저절로 사라지고 심중의 소원이 성취됩니다. 백일 또는 49일 동안의 사경기도를 감히 권해 봅니다.

화엄경약찬게 사경 (1책 12번 사경) 112쪽 5,000원
화엄경약찬게를 쓰면 화엄경 한 편을 읽는 것과 같은 공덕이 생긴다고 하였습니다. 약찬게를 써 보십시오. 수많은 가피가 함께 찾아듭니다.

천지팔양신주경 사경 (1책 3번 사경) 112쪽 5,000원
옛부터 건축·결혼·출산·사업·죽음 등 평생의 삶 중에서 중요한 때마다 읽고 쓰면 크게 길하고 이롭고 장수하고 복덕을 갖추게 된다고 전해지고 있습니다.

보왕삼매론 사경 (1책으로 27번 사경) 120쪽 5,000원
삶의 문제들을 지혜롭게 해결하는 방법을 제시한 보왕삼매론을 사경하면 생활 속의 걸림돌이 디딤돌로 바뀌고 고난이 사라져 편안하고 행복해집니다.

관세음보살 명호사경 (1책으로 5천4백번 사경) 108쪽 5,000원
지장보살 명호사경 (1책으로 5천번 사경) 108쪽 5,000원
'관세음보살'이나 '지장보살'의 명호를 쓰면서 입으로 외우고 마음에 새기면, 관세음보살님과 지장보살님의 가피를 입어 몸과 마음이 큰 변화를 이루고, 마음속의 원을 능히 성취할 수 있습니다.

기도 및 영가천도 법보시용으로 좋은 책

광명진언 기도법 / 일타스님·김현준   6,000원
광명진언 속에 새겨진 참의미와 바른 기도법, 빠른 기도
성취법 등을 자상하게 설하고, 유형별 기도성취 영험담
을 다양하게 수록하였습니다.   (180쪽)

생활 속의 기도법 / 일타스님   6,000원
여러 가지 상황에 따른 구체적인 기도방법에서부터 기
도할 때 지녀야 할 마음가짐까지, 자상한 문체로 예화
를 섞어 쉽고 재미있게 엮었습니다.   (160쪽)

기 도祈禱 / 일타스님   9,000원
총6장 52편의 다양한 기도성취 영험담으로 엮어진 이
책을 읽다보면 올바른 기도법과 기도성취의 지름길을
알 수 있게 됩니다.   (240쪽)

기도 성취의 지름길 / 우룡스님   5,000원
가족을 향한 참회와 3배 기도의 큰 경험에 대해, 그리고
믿음·정성과 함께 기도의 고비를 잘 넘길 것을 설한 감
동적인 기도법문집.   (4X6판 160쪽)

기도 이야기 / 우룡스님   7,000원
총 6장 45편의 다양한 이야기와 이야기 끝에 붙인 스님
의 해설을 읽고 기도하면 감응의 길이 열리면서 심중소
원을 성취하게 됩니다.   (204쪽)

불교의 자녀사랑 기도법 / 김현준   6,000원
부처님의 가르침에 의지하여 정립한 이 책의 내용에 따
라 자녀를 사랑하고 기도하면 자녀들이 뜻하는 바 소원
을 성취하고 행복과 평화를 누릴 수 있습니다.   (240쪽)

화엄경약찬게 풀이 / 김현준   8,000원
화엄경약찬게는 매우 난해하지만 이 풀이를 본 다음에
읽으면 명확하게 파악할 수 있고 화엄경의 내용까지 꿰
뚫어, 대화엄의 세계에서 노닐 수 있게 됩니다.   (216쪽)

● **부처님오신날 법보시용으로 좋은 휴대용 불서** ●

행복과 성공을 위한 도담 / 경봉스님   4×6판 100쪽 3,500원
일상기도와 특별기도 / 일타스님   4×6판 100쪽 3,500원
불교예절입문 / 일타스님   4×6판 100쪽 3,500원
행복을 여는 감로법문 / 일타스님   4×6판 100쪽 3,500원
불자의 삶과 공부 / 우룡스님   4×6판 100쪽 3,500원
불성 발현의 길 / 우룡스님   4×6판 100쪽 3,500원
광명진언 기도법 / 일타스님·김현준   4×6판 100쪽 3,500원
보왕삼매론 풀이 / 김현준   4×6판 100쪽 3,500원
바느질하는 부처님 / 김현준 엮음   4×6판 100쪽 3,500원

〈가지고 다니면서 틈틈이 읽게 되면 신행생활과 기도에 큰 도움이 됩니다〉

참 회 / 김현준   4×6판 160쪽 5,500원

불교의 참회는 잘못을 뉘우치고 용서를 받는
차원을 넘어 영원한 자유와 행복을 얻는 깨달음
을 목표로 하고 있습니다. 참회의 끝은 해탈입
니다. 대해탈입니다. 이제 이 책 속으로 들어가
참회의 방법과 해답을 찾고 참회를 통하여 평안
을 얻고 향상의 길로 나아갑시다.

신묘장구대다라니기도법 우룡스님·김현준
신묘장구대다라니의 가피와 공덕, 다라니의 뜻풀이, 자
세하게 설명한 기도의 방법과 주의할 점, 14편의 영험담
을 함께 수록하였습니다.   (208쪽 7,000원)

영가천도 / 우룡스님   6,000원
영가천도의 필요성과 기본자세, 염불·독경·사경을 통
한 영가천도, 49재 등 영가천도에 관한 여러 궁금증을
스님의 자세한 법문으로 풀어드립니다.   (160쪽)

기도성취 백팔문답 / 김현준   9,000원
기도와 믿음·업장소멸의 방법·꾸준한 기도의 효험·원
을 세우는 법·축원법·기도가피와 기도성취의 시기 등
을 문답식으로 풀이하였습니다.   (240쪽)

윤회와 인과응보 이야기 / 일타스님 9,000원
"인간은 과연 윤회하는 존재인가? 내가 지은 업은 어떻
게 전개되는가?" 49가지 이야기로 엮은 이 책을 읽다
보면 그 해답을 명확하게 얻을 수 있습니다.   (242쪽)

참회와 사랑의 기도법 / 김현준   7,000원
문답을 통해 참회의 정의에서부터 참회기도를 해야 하
는 까닭, 가족을 향한 참회법 등에 대해 아주 상세히 설
하고 있습니다.   (192쪽)

◉불교 3대신앙의 진면모와 그 기도법을 쉽게 설명한
미타신앙·미타기도법 / 김현준   신국판 160쪽 6,000원
관음신앙·관음기도법 / 김현준   신국판 240쪽 9,000원
지장신앙·지장기도법 / 김현준   신국판 190쪽 7,000원

참회·참회기도법 / 김현준   신국판 160쪽 6,000원
병환과 기도 / 일타스님·김현준   4×6판 100쪽 3,500원

선가귀감   서산대사 저 김현준 역
(한글 한문 대조본) 4×6배판 136쪽 6,000원
휴대용 4×6판 160쪽 5,500원
禪에 대한 다양한 가르침을 중심에 두고
참회·염불·계율·육바라밀·도인의 삶 등을
간절하게 설하여 불자들의 신심과 정진에 큰
도움을 주는 소중한 책입니다.

다량의 법보시는 할인혜택을 드립니다.
전화 02-587-6612, 582-6612 팩스 02-586-9078

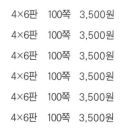

엮은이 김현준 金鉉埈

불교신행연구원 원장, 월간 「법공양」 발행인 겸 편집인, 효림출판사와 새벽숲출판사의 주필 및 고문으로 활동하고 있다.
저서로는 『관음신앙·관음기도법』·『광명진언 기도법』·『신묘장구대다라니 기도법』·『참회·참회기도법』·『불자의 자녀사랑 기도법』·『사찰 그 속에 깃든 의미』·『사성제와 팔정도』·『육바라밀』·『화엄경 약찬게 풀이』등 30여 종이 있으며, 불자들의 신행을 돕는 사경집 20여 종과 한글 번역서 『법화경』·『유마경』·『원각경』·『지장경』·『육조단경』·『무량수경』·『약사경』·『승만경』·『부모은중경』·『보현행원품』·『자비도량참법』·『선가귀감』등 10여 종이 있다.

관세음보살 명호 사경

초 판 1쇄 펴낸날 2015년 11월 10일
       9쇄 펴낸날 2024년 8월 9일

엮은이 김현준
펴낸이 김연수
고 문 김현준

펴낸곳 새벽숲
등록일 2009년 12월 28일 (제321-2009-000242호)
주 소 서울특별시 서초구 반포대로14길 30, 906호 (서초동, 센츄리I)
전 화 (02) 582~6612 · 587~6612
팩 스 (02) 586~9078
이메일 hyorim@nate.com

값 5,000원

ⓒ 새벽숲 2015
ISBN   978-89-969626-9-4   13220